Sabrina Fox

über

Das Heilen von Krisen

Sabrina Fox

über

Das Heilen von Krisen

Spiritualität fürs Leben

Knaur
MensSana

Die Folie des Einbands sowie die Einschweißfolie
sind PE-Folien und biologisch abbaubar.
Dieses Buch wurde auf chlor- und säurefreiem Papier gedruckt.

Besuchen Sie uns im Internet: www.droemer-knaur.de
Alle Titel aus dem Bereich MensSana finden Sie im Internet unter
www.knaur-mens-sana.de

Deutsche Erstausgabe 2008

Redaktion: Ralf Lay
Umschlaggestaltung: ZERO Werbeagentur, München
Umschlagabbildung: Jorinde Gersina (Foto Autorin);
FinePic, München (Hintergrundabbildung)
Satz: Adobe InDesign im Verlag
Druck und Bindung: GGP Media, Pößneck
Printed in Germany
ISBN 978-3-426-65623-5

2 4 5 3 1

Für Sie!

Schön, dass es Sie gibt.

Inhalt

Vorwort

In jedem Leben gibt es Krisen. Das ist Teil unseres Daseins und lässt sich nicht wegwünschen oder wegbeten. Glauben Sie mir, ich hab's versucht.
Wir alle lernen, mehr oder weniger erfolgreich mit unseren Krisen umzugehen. Jeder auf seine Art; das, was Sie hier lesen, ist meine.
Wenn wir auf unser bisheriges Leben zurückblicken, dann stellen wir fest, dass wir unsere Krisen immer irgendwie überwinden konnten. Offensichtlich haben wir alle »das Zeug« dazu, unser Leben wieder in einen entspannten Zustand zu bringen. Es scheint regelmäßig Krisen zu geben, die dann für eine Weile anstrengend sind und irgendwann einmal wieder ihr Ende finden – und dann geht es eine Zeit lang etwas einfacher weiter.
Bis zum nächsten Mal.

Im Laufe der Jahre habe ich festgestellt, dass meine Krisen mit Hilfe meines spirituellen Trainings zügiger geheilt wurden. Offensichtlich hat es mir dabei geholfen, dass ich aufmerksamer und bewusster mit meinen Gedanken, Worten und Taten umging.

Da dieses Buch aus einem bestimmten Erfahrungs- und Gottesbild kommt, möchte ich es gern voranstellen.
Ein Glaubensbekenntnis ist eine ganz eigene und persönliche Sache. Ich sehe mich als Christin im weitesten Sinne. Ein Bekannter von mir, ein sehr aktiver und gläubiger Katholik, meinte einmal nach einem langen Gespräch bei einem Abendessen über Gott und den Glauben: »Wenn ich die Kammermusik des Christentums bin, dann bist du wahrscheinlich Free Jazz.«
Ich habe mich neugierig in anderen Religionen umgesehen und einiges davon lernen können, und doch fühle ich mich persönlich bei Jesus mehr zu Hause. Vielleicht hat Gott uns viele Lehrer geschickt, passend nach Region und Zeitgeschichte. Gott ist für mich vergleichbar wie Licht, das aus vielen verschiedenen Lampen strahlen kann. Steht doch auch in der Bibel, dass im Haus des Vaters viele Wohnungen sind (Joh. 14, 2).
Obwohl es natürlich organisierte Religionen gibt und fast jede Glaubensgemeinschaft eben einen gemeinsamen Glauben hat, glaubt nicht jeder darin Vereinte das Gleiche. In diesem gemeinsamen Glauben finden sich zwar bestimmte Doktrinen wieder – also Glaubensbekenntnisse –, denen einige in der Regel ganz oder andere nur zu einem Teil zustimmen. Doch die meisten kennen gar nicht alle Doktrinen und fest verankerten Glaubenssätze des Be-

kenntnisses: Wer hat denn schon wirklich die gesamte Bibel aufmerksam studiert, geschweige denn die Originale vor der Übersetzung gelesen? So bleibt ein großer Teil der eigenen Interpretation überlassen.
Viele Menschen im mitteleuropäischen Raum sind Christen. Manche haben sich aber bei bestimmten Doktrinen (im Hinblick auf die Erbsünde vielleicht oder die Geburtenkontrolle) vom offiziellen Glauben entfernt. Ich auch. Außerdem glaube ich an die Reinkarnation, also die Wiedergeburt, allerdings nicht im Sinne des Buddhismus (»Irgendwann einmal bin ich erleuchtet, und dann brauche ich nicht mehr wiederzukommen« – ich komme gern wieder) oder Hinduismus (»Ich habe im letzten Leben etwas Fürchterliches angestellt, und deshalb gehöre ich jetzt zu den Unberührbaren«). Ich halte Gott vielmehr für den gütigsten Vater und die gütigste Mutter, und deshalb ist Karma für mich eine Frage von Ursache und Wirkung und dem Wunsch, neue Erfahrungen zu machen, und nicht von Strafe.
Ich glaube, dass wir deswegen viele Leben erleben, damit wir neben den Erfahrungen, die wir sammeln, mehr Mitgefühl entwickeln. Wir schauen uns auch im Fernsehen oder im Kino gern Unterschiedliches an: Nachrichten, Spielfilme, Komödien, Krimis. Vielleicht machen wir genau das auch im richtigen Leben. Wir sammeln Erfahrungen. Um daran zu wachsen. Um daraus zu lernen. Manchmal treffe ich einen Menschen, bei dem ich das Gefühl habe, dass dies eine sehr »alte Seele« ist. Er ist so weise, dass

er bestimmt schon häufig da war. Und dann gibt es wieder einige Zeitgenossen, da sieht es eher so aus, als ob dies jetzt das erste Mal sei. Hier wird noch mit der Basis des Menschseins gerungen.

Zur Unterstützung in unserem Leben bedanke ich mich täglich bei den Engeln. Nach meinem Glaubensverständnis haben wir viele Engel. Einen Schutzengel, der uns durch unser ganzes Leben und durch das Sterben begleitet, und viele andere Engel, die diverse Zuständigkeitsgebiete haben wie zum Beispiel Vergebung, Kraft, Milde, Mitgefühl, Tapferkeit. Und natürlich auch einige, die uns Unterstützung im täglichen Leben gewähren. Da Engel in der Regel über keinen menschlichen Körper verfügen, ist ihr Dialog mit uns meistens an eine Art inneres Gespräch gebunden. Sie unterstützen uns aber ebenfalls mit Zeichen.
Die Engel halten uns jedoch nicht vom Leben ab. Ihre Aufgabe ist es, uns zu unterstützen. Sie trösten uns, zeigen uns, wie sehr wir geliebt werden, und sie geben uns Ratschläge, die wir dann umsetzen können, um unser Leben leichter zu gestalten. Wir haben uns als Seele bestimmte Hausaufgaben gestellt, und die gilt es zu erleben. Natürlich werden wir auch weiterhin gelegentlich Krisen durchlaufen.
Wir leben ja noch.
Ein spirituelles Leben soll uns nicht abstumpfen von Erlebnissen. Es soll uns helfen, bewusst und dankbar die kleinen und großen Zeichen der göttlichen Kraft zu erleben. Dazu, so glaube ich, gibt

es bestimmte Regeln. Die gilt es zu erkennen und zu nutzen. Woran erkennen wir, dass sie wahr und nützlich sind? Nicht daran, dass wir uns von anderen überzeugen lassen oder blind irgendjemandem folgen. Wir erkennen sie nur dann, wenn wir sie selbst ausprobieren. Denn der wichtigste Experte in unserem Leben sind wir selbst. Und in so wichtigen Angelegenheiten wie unserem eigenen Leben sollten wir uns auf den hauseigenen Experten verlassen.

Licht und Liebe,
Sabrina Fox
im Frühjahr 2008

1 Das Gefühl der Krise

Ich wachte über zwanzig Jahre lang auf, als hätte ich einen schweren Stein verschluckt. Ich ging mit diesem Stein im Magen ins Bett und stand mit ihm auf. Das Gefühl war mir so vertraut, dass ich dachte, es gehöre zum Menschsein dazu. Ich schaute ins Leben, wie man bei Glatteis Auto fährt: vorsichtig. Jederzeit in der Erwartung, irgendwo schmerzhaft und teuer draufzuknallen. Jederzeit bereit, mal wieder betrogen und verletzt zu werden. Jederzeit bereit, mich mal wieder verloren zu fühlen. Ich erwartete Dramen und Schwierigkeiten, wie ein Hotel auf Gäste wartet. Mein Blick in die Welt war kritisch.

Ich dachte, jeder lebt so. Natürlich gab es kleine und große Glücksmomente, und doch war ich nicht in der Lage, sie wirklich zu genießen. Denn, so war es damals meine Erfahrung, sie dauerten nicht lange. Der Stein in meiner Magengegend konnte leichter werden, aber er verschwand nicht. Es konnte ein Telefonanruf sein, der eine neue Krise brachte, oder der nächste Tag im Büro.

Man war einfach nicht sicher in dieser Welt. So trug ich meinen schweren großen Stein ganz selbstverständlich mit mir herum. Nie kam mir der Gedanke, wie ich das ändern könnte. Was gibt es daran zu verändern? Und vor allen Dingen, wie?
Ich fühlte mich häufig wie ein Schiff auf stürmischer See: Das Leben schüttelte mich durcheinander. Ich empfand es als anstrengend.
Was sind das nur für Leute, die freudig lächelnd durch den Tag gehen? Müssen die ein Glück haben! Ich hatte das eben nicht. Ich wünschte mir nichts mehr als ein dickeres Fell. Ich erhoffte und erwartete davon, dass ich, wenn ich nicht mehr so sensibel wäre, mit diesem Dasein leichter zurechtkommen würde.
Ein dickeres Fell bekam ich nie.
Aber mein Stein im Magen ist verschwunden. Weg auch das Gefühl, dass mein Leben, mein Weg, sich auf glattem Eis bewegt. Heute gehe ich gelassen ins Bett und wache frei auf. Ich habe Vertrauen. Jetzt wieder fällt mir auf, dass ich mich eigentlich zu wenig dafür bedanke.

Dieses Gefühl ist nicht zufällig eingetreten. Da gab es keinen Heiler, der mich kuriert hätte, und keinen Zauberstab, der über meinem Körper schwebte. Es war mein Bemühen – mit der Gnade Gottes und der Hilfe der Engel –, das diesen Zustand langsam verändert hat. Es dauerte Jahre, bis ich mein Leben so eingerichtet hatte, dass ich mich wohler darin fühlte. Es gibt beim Abnehmen wie

beim Wohlfühlen keine Abkürzungen und keine Übertragungsmöglichkeit: Wir müssen einfach alle selbst dafür sorgen.
Natürlich habe ich immer noch gelegentlich Krisen in meinem Leben. Doch sie sind sehr viel seltener geworden, und sie entwickeln sich anders. Ich nehme sie jetzt anders wahr. Und ich finde Wege, sie zu lösen.
Manchmal erkenne ich sie schon von weitem – wie ein Donnerkrachen, das das Gewitter ankündigt. Dann kann ich mich unterstellen, bevor ich klatschnass werde.
Manchmal nicht.
Manchmal schleichen sich Krisen langsam ein. Wie ein sanfter Temperaturwechsel, der mir zuerst nicht auffällt. Es wird kühler, ohne dass ich es zur Kenntnis nehme. Meine Gedanken beginnen, sich an irgendeiner Situation festzubeißen. Ich fange an, mir die Zukunft schwierig auszumalen. Ich kaue an einem Problem herum wie an zähem Fleisch. Und merke es nicht.
Der Donner – weit weg – verhallte von Anfang an ungehört. Sonst wäre es ja einfach gewesen. Dann wäre es mir aufgefallen. Nein, mit dem kühleren Wind kamen langsame, fast sanfte Regentropfen, die kaum spürbar die allgemeine Stimmung erkalten ließen. Mein tägliches Morgengebet wurde kürzer, die stillen Meditationen seltener, dafür wandte ich all die extra Energie auf, um mich emotional ein bisschen mehr zu beschäftigen. An den Tagen darauf – ein Drama wird immer größer – fing mein Gehirn ohne Unterlass zu denken an. Die gleiche Situation wurde hundertmal

gedanklich hin und her gerollt, ohne dass ich zu einem wirklichen Ergebnis kam. Ich wanderte in dem Spiegelkabinett meines Kopfes hin und her und suchte keinen Ausgang.

So geht es eine Weile, manchmal Tage, manchmal länger, und plötzlich flüstert eine kleine Stimme in mir: »Was machst du da eigentlich?«

Moment mal. Ja, was mache ich da eigentlich?

Ich bin immer so dankbar, wenn ich wieder daran erinnert werde, dass ich eine Wahl habe. Eine Wahl, weiterzumachen oder aufzuhören, und so gebiete ich meinen Gedanken: »Ruhe!«, und konzentriere mich auf das Zählen:

***Einatmen:* eins, zwei, drei, vier, fünf.**
***Ausatmen:* eins, zwei, drei, vier, fünf.**

Ich beobachte dann aufmerksam, was ich denke, und dabei wird das Denken langsamer und hört dann ganz auf. Es entsteht Stille. Da ich das viele Jahre geübt habe, fällt es mir leicht, in diesen Zustand zu fallen; denn ich weiß, das ist es, was ich im Moment am dringendsten brauche: Ruhe und ein Gespräch mit den Engeln. Ich schließe die Augen und lege mich in meinen Körper, wie man sich in eine warme Badewanne legt. Schon nach den ersten Atem-

zügen merke ich, dass ich langsam wieder in mir zu Hause bin. Und so freue ich mich auf die absolute Stille, in der ich mich in Kürze wiederfinden werde.
Kein Gedanke. Kein Geräusch. Kein Drama. Mein ganzer Körper summt innerlich leicht vor sich hin, und ich lächle. »Ahhh. Zu Hause.« Endlich. »Danke, lieber Gott.«
Wie nach einer anstrengenden Heimreise, bei der man den Pass, die Schlüssel und die Koffer verloren hat, bin ich doch irgendwie durch einen tiefen Atemzug wieder bei mir gelandet. Danke!

Ich hatte mich verloren! Ich hatte mal wieder all das, was ich weiß, vergessen. Ich liebe den Moment, in dem ich erkenne, dass ich mich in einer Krise befinde. Das ist irgendwie beruhigend. Ja, ich bin in einer Krise. Ja, und ich war schon mal in einer Krise. Ich war sogar schon in vielen Krisen, und auch diese Krise wird vorbeigehen. In ein paar Wochen oder spätestens ein paar Jahren lache ich drüber. Wie heißt es doch so schön? »Willkommen im Club.«
Warum, um Himmels willen, kann ich mir das nicht merken?
Dann komme ich mir wie eine Idiotin vor. Frage mich, ob ich denn gar nichts dazugelernt habe nach über fünfzehn Jahren spirituellen Trainings, fast fünfzig Jahren Lebenserfahrung und zwei Ehen. Ich erinnere mich daran, dass ich einige tiefe Täler der Seele, einsame Nächte im Wald und die Teenagerzeit meiner Tochter überlebt habe. Und schon wieder war ich ganz und gar unaufmerksam.

Trotzdem wird es immer besser. Meine Wohlfühlphasen sind sehr viel länger, und ich hadere auch weniger lange mit mir. Ich bin nun mal Mensch. Da wiederholt man sich gern.

2 Die spirituellen Gründe einer Krise: Seelenhausaufgaben

Ich begann mein spirituelles Leben mit einem einzigen Ziel: Ich wollte keine Probleme und damit keine Krisen mehr haben. Ich war auch bereit, einiges dafür zu tun. Ich betete und meditierte regelmäßig, gewöhnte mir ungesunde Eigenschaften ab, das heißt, ich trank keinen Alkohol und rauchte nicht mehr. Ich sprach mittwochs für ein Jahr kein Wort, gab meine Lügen und Schwindeleien auf – was nicht einfach war – und erklärte meiner kleinen Tochter und jedem anderen Mitmenschen im Umkreis von ein paar hundert Metern mehr über Engel, als sie jemals hatten hören wollen.

Doch die Probleme verschwanden nicht.

Sie wurden leichter, und ich war nicht mehr über Wochen verzweifelt, aber sie tauchten immer mal wieder auf.

Was hatte ich falsch gemacht?

Nichts.

Jede Seele kommt mit Seelenhausaufgaben in dieses Leben.

Der eine fühlt sich einsam, die andere zu hässlich, der dritte verloren. Einer hat Schwierigkeiten, nein zu sagen; der andere ist so laut, dass er alles in seinem Umfeld automatisch erdrückt. Ein Dritter ist eitel und ein Vierter zu passiv. Seelenhausaufgaben hat sich unsere Seele in dieses Leben mitgenommen, weil sie hier etwas lernen will.

Angenommen, wir wollen in unserem Erdendasein lernen, Verlustängste loszuwerden, dann werden wir wahrscheinlich mit einigem an Ängstlichkeit auf die Welt gekommen sein. Vielleicht haben uns unsere Eltern auch dementsprechend erzogen oder uns sogar verlassen, und so stehen uns alle Haare zu Berge, wenn man uns etwas wegnehmen will. Wir haben Angst, Menschen oder Dinge zu verlieren, und hängen deshalb besonders daran.

Was wird in unserem Leben geschehen? Einiges, das mit Verlusten zu tun hat. Denn wir wollen es ja schließlich heilen, und wir – als Seele – hatten uns fest vorgenommen, jene Herausforderung in diesem Leben zu verstehen und auch umzusetzen. Unsere Seelenhausaufgaben sind wie ein Rucksack, der gelegentlich mit Druckstellen und Schmerzen auf sich aufmerksam macht.

Jeder von uns trägt einen Rucksack mit sich herum. Ob wir das philosophisch, spirituell oder praktisch sehen wollen, spielt dabei kaum eine Rolle. Wichtig ist die Kenntnisnahme dieses Rucksacks.

Das ist ähnlich wie bei unserer Körpergröße: Wir mögen zwar vieles verändern können – unser Gewicht, unsere Haarfarbe, unser Benehmen zum Beispiel –, aber unsere Größe eigentlich nicht. Unsere Eltern sind, was sie sind. Unsere Kindheit auch. Schwachstellen in unserem Körper wollen akzeptiert und besonders beachtet werden. Schwachstellen in unserer Persönlichkeit ebenfalls.

Ich bin zum Beispiel obrigkeitshörig. Bei jedem Polizisten werde ich sofort zwanzig Zentimeter kleiner. Ich gehe nur unter tiefsten inneren Zwängen mal bei Rot über die Straße, nehme nie etwas zu essen oder trinken in Kaufhäuser mit und habe sogar zwei Steuerberater. Manchmal führe ich innere Dialoge, bei denen ich mir selbst erkläre, dass ich ja nun Ende vierzig bin und nicht mehr sieben. Aber es hilft nur wenig. Die Emotion ist die gleiche.
Ich habe schon einiges dazu ausprobiert. Vor kurzem versuchte ich es einfach mal mit Akzeptieren. Ich habe diese Obrigkeitshörigkeit nun mal, und solange dies der Fall ist, muss ich damit umgehen lernen. Vielleicht ist es auch gar nicht so wichtig, Eigenschaften loszuwerden, wie sie einfach nur anzuerkennen.

Alles, was uns schwerfällt,
ist Teil unserer Seelenhausaufgabe.

Seelenhausaufgaben gehören zu unserem Leben wie die Luft zum Atmen. Wenn Sie wollen, versuchen Sie einfach mal, eine Liste zu machen mit den Dingen, die Ihnen schwerfallen. Am Ende des Buchs habe ich eine Zusammenfassung der wichtigsten Seelenhausaufgaben angeführt. Dazu können Sie auch gern Ihre Familie oder Ihre Freunde fragen, da sie unser Leben von einer gewissen Distanz betrachten, fallen ihnen manchmal Eigenheiten an uns auf, die uns noch nicht bewusst sind. Nehmen Sie aber nur das an, wobei auch Sie das Gefühl haben: »Ja, das ist wahr.«

Evi

Evi wollte schon als kleines Mädchen die Welt retten. Sie war aktiv in der katholischen Jugend, betreute zwei Jugendgruppen, kümmerte sich um den »Alten-Tee« (damals hieß das noch so) und hatte vor, Krankenschwester zu werden. Mutter Teresa war ihr Vorbild. Dann kam es doch ein bisschen anders. Sie wurde jung schwanger, heiratete den Vater ihrer ersten Tochter und bekam kurz darauf nochmal Zwillinge.

Obwohl aus ihrem Berufswunsch nichts wurde, galt sie trotzdem als die Mutter Teresa ihrer Kleinstadt im Schwäbischen. Kein Tier, das nicht von ihr gepflegt und entweder behalten oder weitervermittelt wurde. Kein Bazar, den sie nicht organisierte oder zu dem sie nicht zumindest einiges beisteuerte. Kein Nachbar, der nicht auf ihre Hilfe rechnen konnte.

Evi bekam neuerdings immer häufiger Magenkrämpfe – sie hatte

seit jeher einen sensiblen Magen –, und der Arzt meinte, sie müsse sich ein bisschen schonen.
Ja, das geht aber zurzeit gar nicht. (Eigentlich geht das nie.) Ihre Freundin Mischa ist gerade mit dem zweiten Kind völlig überfordert, und sie kümmert sich viel um den Älteren. Er verbringt ganze Nachmittage bei ihr und ihren Kindern, und gelegentlich kocht sie für ihre Freundin gleich mit. Die Arme braucht einfach viel Hilfe. Damals in der Schule hat sie ihr ja auch schon bei den Hausaufgaben geholfen und nicht selten bei den Tests ihr Heft so hingeschoben, dass sie einfach abschreiben konnte.
»Ja« ist Evis Lieblingswort. Und das »Nein« stand auf Ihrem Seelenlehrplan. Doch das »Nein« wollte ihr schlichtweg nicht über die Lippen kommen.

Letzten Sommer schien irgendwie alles über Evi zusammenzubrechen. Ihr Mann wurde krank und brauchte mehr von ihrer Zeit. Ihre beste Freundin Mischa wurde seitdem immer zickiger. Evi schaffte es einfach nicht mehr, deren Kinder manchmal mit von der Schule abzuholen, denn Hans, ihr Mann, benötigte einfach mehr Ruhe zu Hause.
Sie merkte bald, dass sie am Rande ihrer Kräfte war, und betete immer wieder um mehr Kraft und Ruhe. Und doch fühlte sie sich den Tränen näher als Gott. Auch ihr Mann kam mit seiner vorübergehenden Bettlägerigkeit nicht leicht zurecht und fauchte sie immer häufiger an. Sie versuchte, ihre Verletztheit nicht zu zeigen,

und fing an, sich in der Toilette einzusperren, wenn sie weinen musste, damit es ja niemand hörte.
Was sie dann noch mehr mitgenommen hat, war die Episode nach der Kirche an einem Sonntag. Mischa hing lachend am Arm von Ruth, beide sind an ihr vorbeispaziert und haben sie regelrecht im Regen stehen lassen. Irgendwie schnappte Evi auch noch einen geringschätzenden Blick von Mischa auf und konnte es nicht fassen. Wo sie doch so viel für sie getan hatte! Was war nur passiert?

Was war passiert? Evis »Nein« war *nicht* passiert. Ein »Nein« hätte ihre Freundin Mischa wohl schon vor Jahren gebraucht, aber Evi brachte es nie übers Herz.

Wenn wir erschöpft sind,
haben wir zu viel gemacht oder zu viel gegeben.

Das einzig Wichtige wäre jetzt eine Pause gewesen. Doch Evi wollte es stets allen recht machen. Sie genoss es, gemocht zu werden, und fand es auch – tief im Innern – sehr beruhigend, dass alle immer zu ihr kamen. Sie war eben seit eh und je die Kluge und Starke gewesen, und sie »schaffte das schon«. Ein Satz, den auch ihre Mutter immer wieder zu ihr gesagt hatte, selbst wenn sie zu viel aufgebürdet bekam: »Du schaffst das schon.« Und sie hat ja auch immer alles geschafft.
Außerdem erhoffte sie sich natürlich auch ein bisschen Dankbar-

keit, zumindest doch Anerkennung. Sie hatte sich über Jahre aufgeopfert und war immer für alle da gewesen – und was hatte sie nun davon? Statt Dankbarkeit erntete sie Unwillen.

Häufig liegt unter der vermeintlichen eigenen Unfähigkeit, nein zu sagen, auch die Sorge, dass man nicht mehr geliebt wird, wenn man jemandem nicht zu Willen ist. Allein und einsam zurückbleibt. Wir denken, unsere konstante Mithilfe sei eine Eintrittskarte in eine uns liebende Gruppe. Doch wenn es uns an Respekt fehlt – nämlich uns selbst gegenüber –, wird uns auch kein Respekt von anderen entgegengebracht.

Ein Nein hätte jetzt auch Evis Mann gebraucht. Denn sein Verhalten ihr gegenüber, so verständlich es sein mag in seinem Schmerz, war trotzdem respektlos. Sie ist ja schließlich nicht der »Abfalleimer«, in den jeder seine Gefühle hineinwerfen darf.
In ihren Gebeten und Gesprächen mit ihrem Engel wäre die Bitte um »Kraft für ein Nein« wahrscheinlich von größerem Nutzen gewesen. Dieses Nein, und das war heimlich Evis Sorge, muss nicht laut und drohend ausgesprochen werden. Ein einfaches »Nein, tut mir leid, ich kann das heute nicht« reicht völlig. Ohne Erklärungen, ohne »Warums« oder »Weils«. Und ein »Ich fühle mich verletzt von diesem Tonfall« wäre auch völlig ausreichend gewesen. Fürs Erste.
Es ist sehr nützlich, vor einem wichtigen Gespräch zu beten. Sich

vielleicht vor eine Kerze zu setzen, die Augen dann zu schließen, wenn sie müde werden, und im Herzen ein Gebet zu formulieren, das so oder ähnlich klingen kann:

»Himmlischer Vater, himmlische Mutter, liebe Engel,
ich bitte um Unterstützung für das Gespräch mit …
Ich freue mich auf einen friedlichen, ehrlichen und offenen Austausch über diese Situation.
Ich verspreche, zuzuhören.
Mögen wir Verständnis füreinander haben.
Danke. Amen.«

Dann ist es natürlich auch wichtig, zu erkennen, wann uns der Respekt versagt wird, und uns entsprechend zu verhalten. Es nutzt dem beziehungsweise der anderen ebenfalls nichts, wenn wir ihm oder ihr immer wieder erlauben, uns zu verletzen.

Eine Lehre ist niemals nur für einen allein da.

Auch der andere hat einen Seelenlehrplan und seine Hausaufgaben dazu. Wahrscheinlich soll er lernen, mein Nein zu akzeptieren.
Gelegentlich steht für mich ein Gespräch an, bei dem ich nicht wirklich weiß, wie ich anfangen soll. Ich bitte dann nach dem Gebet um den ersten Satz, mit dem ich dieses Gespräch beginne.

Evi ging diesen schwierigen Schritt. An einem ruhigen Abend besprach sie mit ihrem Mann, wie sie sich fühlte. Sie machte ihm keine Vorwürfe. Sie sagte nicht: »Du bist schuld.« Sie sagte einfach nur, dass sie sich einsam fühlte. Dass sie seine Hilfe brauchte, dass sie das alles einfach nicht mehr schaffte. Es war kein einfaches Gespräch, und es war auch nicht das letzte darüber. Viele Male unterhielten sie sich. Und ihr Mann begann ebenfalls, sich mitzuteilen. Erklärte, wie schwach und nutzlos er sich fühlte.

Ein offener Blick auf das Verhältnis mit ihrer Freundin Mischa machte ihr klar, wie einseitig diese Freundschaft war. Sie trauerte darum. Zuerst versuchte sie noch, mit ihr zu reden, aber Mischa verstand sie nicht. Nichts änderte sich. Nach einer Weile war Evi klar, dass diese Freundschaft den Namen nicht verdiente, und ihr war auch bewusst, dass sie eine andere Art von Freundschaft haben wollte.

An einem Abend, sie fühlte sich unglaublich allein, bat sie ihre Engel, ihr neue Freunde zu schicken. Kurz danach tauchte dann auch eine Familie auf, die in ihre Nähe gezogen war. Die Frauen fühlten sich sofort zueinander hingezogen. Sie hatten ähnliche Erfahrungen gemacht und beschrieben offen ihren Weg in die Veränderung. Beide versprachen sich, immer ehrlich zueinander zu sein.

Mischa bemerkte das und wollte sich wieder dazudrängen. Fing an, schlecht über die neue Nachbarin zu reden. Und Evi, die dem früher einfach nur zugehört hätte, korrigierte jetzt ihre ehemalige

Freundin. Es war beiden klar, dass es keinen gemeinsamen Weg mehr für sie gab.
Evi hat auch einige Aufgaben in der Kirche und der Schule abgegeben. Neue Leute sind nachgekommen. Manchmal sagt sie jetzt auch nein. Und obwohl noch ein leises schlechtes Gewissen an ihr nagt, fühlt sie sich auch körperlich sehr viel besser. Es geht aufwärts. Und sie kennt jetzt auch die Richtung.

3 Was unterhält, was fasziniert mich an dieser Krise?

Das Leben ist aufregend, spannend und kann sich jederzeit ändern. Ja, manchmal ist es kaum auszuhalten, gerade noch zu ertragen, und es löst tiefe Verzweiflung in uns aus ... und doch – wenn Sie mir so weit folgen wollen – ist es uns dabei nicht langweilig. Unser Leben ist aufregend. Manchmal mag uns der Inhalt nicht gefallen, aber wir werden trotzdem davon unterhalten. Fast wie im Kino: Wir schauen uns Filme an, die uns ängstigen oder zutiefst beschäftigen. Einer meiner Freunde, er heißt L. D. Thompson, schreibt gerade an einem Buch und hat mir das Manuskript geschickt. Dabei stachen mir folgende Sätze ins Auge. Sie haben mich so beschäftigt, dass ich sie neben meinem Bett, an meinem Schreibtisch und an meinem Hausaltar liegen habe. Sie lauten:

»Wenn irgendetwas in deinem Leben
für dich den Unterhaltungswert verliert,
dann kann es nicht länger in deinem Leben bleiben.

Punkt.
Es gibt keine Ausnahmen.«

Was also, so fragte ich mich, ist in meinem Leben, was mich zwar stört, aber von dem ich trotzdem in irgendeiner Art und Weise unterhalten werde?
Warum habe ich es noch in meinem Leben?
Was unterhält mich so daran, dass ich es trotz allem Stress noch behalte?

Lisa

Lisa ist eine erfolgreiche Architektin und hat immer Männer, die irgendwie »wild« sind. Da war mal der Rockmusiker, der ihr nie beim Hochtragen der Einkaufstüten helfen wollte, weil er seine sanften Gitarrenhände schonen musste. Oder ihr ehemaliger Hippie, der es sich verbat, gestört zu werden, wenn sie sich früh um sieben aus dem Bett schälte, um zu arbeiten, während er nicht selten bis mittags durchschlief.
Sie kommt aus einem sehr bürgerlichen, ordentlichen Elternhaus, und seit frühester Kindheit war alles immer geplant und absehbar. Es war relativ klar, dass sie Architektin wie ihr Vater werden würde. Ihr erster Freund war ein verkappter Literaturstudent (zwanzigstes Semester), der irgendwelche Zitate vor sich hin murmelte,

wenn es ans Eingemachte ging. Lisa war davon fasziniert; und doch war ihr klar, dass ihr Vater diesen Kerl mit einem Blick in die Pampa befördern würde, und so ließ sie sich nicht mit ihm sehen.

Sie sehnt sich eigentlich nach Kindern, aber all die Burschen, die sie bisher in ihr Herz geschlossen hat, waren selbst noch welche. Und obwohl es sie unsäglich nervte, dass Sven (der verhinderte Autor, der seit vier Jahren an seinem Drehbuch schreibt und nebenher in einer Bar arbeitet) mal wieder die Küche in einem katastrophalen Zustand hinterlassen hat, ist sie doch irgendwie zutiefst gerührt, wenn er sie um halb vier aus dem Tiefschlaf reißt, um ihr den Text eines Liebesdialogs vorzulesen.

Spannend ist das schon.

Lisa ist das typische Beispiel dafür, dass sich an einer Situation nichts ändern wird, solange sie einen gewissen »Unterhaltungswert« hat. Lisa ist noch nicht gelangweilt von dieser Art Männer. Sie findet es nach wie vor aufregend, dass es da einen Mann gibt, der nicht wie ihr Vater ist. Und so wird sie ihre Liebhaber verstecken, und ihr Vater wird weiterhin hoffen, dass irgendwann einmal ein passabler Partner auftaucht. Und das wird er auch, wenn Lisa das denn so will.

Im Moment will sie es nicht.

Heinz

Der Klingelton für einen Anruf von seiner Mutter beschreibt eigentlich schon ihr Verhältnis: Es ist eine nervige Sirene. Seine Mutter ist, in den Augen von Heinz, eine Hexe, die es nur durch Zauberei ins 20. Jahrhundert geschafft hat. Ihren Mann hat sie schon unter die Erde gebracht, und Heinz, so flachst er unter Freunden, sei wahrscheinlich der Nächste auf ihrer Liste. Sie kenne nur zwei Stimmungen: die leidende, unverstandene Mutter, die einen Sohn hat, der sich nicht um sie kümmert, und die fordernde Mutter, der er nichts recht machen kann.

Mit dreizehn Jahren ist er zum ersten Mal von zu Hause abgehauen und nur deswegen zurückgekommen, weil er seinen Vater nicht mit ihr allein lassen wollte. Beide waren begeistert vom Fußballspielen, und das bot ihnen auch die einzige Möglichkeit, das Haus für ein paar Stunden zu verlassen und ungestört in die Welt der Männer und der Tore einzutauchen.

Daheim herrschten die strengen Regeln einer Haustyrannin – außer wenn Besuch kam. In dem Moment, als es an der Tür klingelte, verwandelte sich die Mutter in eine charmante, witzige und warmherzige Person, und der Freund oder die Freundin, die vorher von der Herzlosigkeit der Mutter gehört hatten, glaubten kein Wort mehr: Nein, so kann man sich nicht verstellen.

Doch, man kann.

Die erste Frau ist Heinz davongelaufen, weil sie den konstanten Terror der Schwiegermutter nicht ertrug. Heinz hatte bei einer scharfen Diskussion zwischen den Frauen den gleichen Fehler zum hundertsten Mal gemacht und stand seiner Frau wieder nicht bei. Während seine Mutter triumphierend zusah, wie Ingrid verletzt und weinend das Haus verließ, hatte Heinz das Gefühl, dass seine Lebenskraft mit ihr fortging und hier, an der Seite seiner Mutter, nur ein leerer Anzug stehe. Als er dann doch plötzlich und fast ruckartig Ingrid nachfolgen wollte, bekam seine Mutter einen Schwächeanfall. Er konnte sie ja schließlich nicht am Boden liegen lassen.
Über die Jahre versuchte er immer wieder, Distanz zu ihr zu schaffen, doch seine Mutter wollte davon nichts wissen. Jede Woche gibt es irgendein Drama, das er, Heinz, gefälligst zu richten hat. Er hat einen ziemlichen Galgenhumor entwickelt und es so geschickt eingefädelt, dass sie sich fast immer außerhalb seiner Wohnung treffen. Er besucht sie entweder zu Hause, oder sie gehen ins Restaurant oder ins Theater. An seiner Wohnungstür gibt es drei Schlösser, und jedes trägt den Namen seiner Mutter. Er will wenigstens einen Ort haben, an dem er vor ihr sicher ist.
Mittlerweile ist sie fast siebzig, und sie hat schon angekündigt, dass ihr »betreutes Wohnen« auf gar keinen Fall in einem Altersheim, sondern bei ihm stattfinden werde. Gott verhüte!

Heinz hat aufgehört, seiner Mutter Frauen vorzustellen, und fast hätte er auch mit den Frauen aufgehört. In jeder, die sich irgendwie bestimmt äußert oder gelegentlich Temperament zeigt, sieht er plötzlich Tendenzen seiner Mutter. Er will es in seinem eigenen Heim ruhig haben und nichts hineinlassen, was die potenzielle Gefahr einer Auseinandersetzung erhöht. Bei ihm ist es ruhig.

Und doch, so muss er zugeben, fühlt er sich selten mehr »am Leben« als in der Gegenwart seiner Mutter. Sie ist wie ein Wirbelsturm, der aus den ungewöhnlichsten Ecken kommt. Und was gestern noch normal war, kann heute schon einen Orkan auslösen. Sie ist Künstlerin, aktiv im Gemeinderat, und vor einem Monat hatte sie eine Rede gehalten, von der selbst Heinz beeindruckt war. Und ihn als Wissenschaftler beeindruckt man nicht so leicht. Seine Mutter lässt sich einfach nicht in ein Reagenzglas pressen. Manchmal wünscht er sich ihre Kraft und ihr Durchsetzungsvermögen und ist fasziniert von der Art und Weise, wie sie sich verändern kann: ganz elegante und kultivierte Dame im Theater – Hausdrachen im Auto.

So anstrengend die Situation mit seiner Mutter auch sein mag, Heinz ist fasziniert davon. Er hat sich seinen ruhigen Platz zu Hause erkämpft und verteidigt ihn auch gegen jeden Eindringling. Natürlich ist seine Mutter so, wie sie ist. Und doch liegt es an Heinz, wie er mit ihr umgeht.

Es gibt einige Möglichkeiten, die ihm offenstehen. Er könnte zum Beispiel mit seiner Mutter ein ernsthaftes Gespräch über ihre Beziehung führen, am besten in einem Restaurant, denn da wird sie sich zivilisierter aufführen. Je nachdem, wie einsichtig sie ist, könnte er auch bestimmte Regeln einführen, die sie gemeinsam erarbeiten. Natürlich wird er lernen müssen, klare Entscheidungen zu treffen und auch seiner Mutter nicht alles zu erlauben. Er geht noch den Weg des geringsten Widerstands … beruflich wie privat, das ist eine seiner Seelenhausaufgaben … und seine Mutter – als Seele – will ihm wahrscheinlich dabei helfen, klarer und bestimmter zu werden.

Wenn wir uns die Situation von dieser Perspektive aus ansehen, dann sehen wir eine Seele »Sohn Heinz«, die lernen will, sich durchzusetzen. Die zweite Seele »Mutter« hat es sich zur Aufgabe gemacht, ihn so lange zu schubsen, bis er endlich aufrecht und bestimmt seine Meinungen äußert und auch konsequent durchzieht. Eine Frau hat er wegen seiner fehlenden Standfestigkeit schon verloren. Seine Freiheit ebenfalls, denn die Mutter bedrängt und nervt ihn, wo sie nur kann. Sie wird nicht »plötzlich« damit aufhören. Sie ist, wie sie ist. Sie hat ebenfalls ihre Seelenhausaufgabe, und die heißt wahrscheinlich auch, das Nein der anderen akzeptieren zu lernen und nicht derart fordernd zu sein.
So betrachtet, passen die beiden wunderbar zusammen. Jeder hat die Talente und Begabungen, im Gegenüber genau das auszulösen, was der andere dringend braucht. Heinz' Mutter zum Beispiel ist ebenfalls genervt von ihrem Sohn. In ihren Augen war ihr Mann schon so eine »Memme«, und jetzt ist ihr Sohn genauso schlapp geworden.

Heinz verliebte sich schließlich. In eine starke Frau. Trotz aller Vorsicht – oder gerade deswegen – verliebte er sich in das, was er kannte. Seine erste Ehefrau, Ingrid, hatte eher das Temperament seines Vaters. Diese hier eher das seiner Mutter. Sie nannte sich Jo. Josephine, wie sie eigentlich heißt, war ihr zu lang. Jo ging sehr viel geradliniger in jeder Beziehung mit allem um. Heinz, der das Verhältnis mit seiner Mutter doch irgendwie faszinierend fand, fing an, sich etwas anderes zu wünschen. Jos Mutter war eine faszinierende Frau, nur eben ohne dieses ganze Theater. Solch ein Verhältnis wie mit ihr wollte er auch mit seiner eigenen Mutter haben.

Er fing an, klarer mit ihr zu sprechen. Unterbrach sie jetzt am Telefon, wenn er keine Zeit hatte, und versprach, sie zurückzurufen. Früher rief er einfach nicht zurück, jetzt hielt er sich daran. Er erkannte langsam, aber sicher seinen Part in diesem Drama.

Obwohl ihre Schwiegermutter in spe erst nach einigen Monaten anfing, an Jo langsam, aber beharrlich herumzumäkeln, beschloss Jo, den Stier bei den Hörnern zu packen. Jo lud sie zu einem gemeinsamen Abendessen ein und fragte sie direkt, was ihr denn an ihr nicht gefalle.

Nach einem fast zweistündigen Streit und zwei Flaschen Wein war das Eis gebrochen. Natürlich hörten die Herausforderungen nicht sofort auf, aber man fand einen gemeinsamen Nenner: den des offenen Austauschs. Es war nicht ganz einfach für Heinz' Mutter, den weinerlichen Ton abzulegen. Jo ließ sie einmal hören, wie sie

denn auf ihrem Anrufbeantworter klingt, als sie mal wieder eine Nachricht hinterlassen hatte, die klagender nicht sein konnte.
»Oh«, meinte die Mutter. »Komisch, wie anders das auf so einem Anrufbeantworter klingt.«
Seit dieser Zeit versucht sie immer, besonders fröhlich Nachrichten zu hinterlassen. Wie gesagt, Heinz' Mutter ist eine kluge Frau.

4 Die emotionalen Waisenkinder

Jeder von uns hat seine eigenen emotionalen Waisenkinder. Waisenkinder entstehen in Situationen, in denen wir etwas erleben, was starke emotionale Wunden hinterlässt.

Ein Waisenkind ist ein Teil von uns,
der emotional zurückgelassen wurde
und jetzt von uns Erwachsenen Hilfe sucht.

Jeder von uns hat diese Waisenkinder. Da ist vielleicht ein Waisenkind mit sechs Jahren entstanden, weil wir Angst vor dem ersten Schultag hatten; und wann immer wir uns in solch eine »Gruppensituation« begeben – ob wir zum Beispiel einen neuen Job mit zwanzig, vierzig oder sechzig antreten –, fühlen wir uns plötzlich seltsam panisch.

Das kleine sechsjährige Waisenkind lässt uns wissen, dass es sich Sorgen macht. Es versucht also, bei uns, dem jetzt Erwachsenen,

Rat und Hilfe zu holen. Ignorieren wir das Waisenkind, was selten eine gute Idee ist, wird es mit der Zeit lauter und lauter und kann zu überzogenen Reaktionen führen. Der Wunsch des Waisenkinds ist es, dass wir es jetzt als Erwachsene trösten und ihm erklären, dass die Situation schon gelöst werden kann.
Also etwa so: »Meine liebe Sechsjährige. Ja, das war schon sehr aufregend am ersten Schultag. Aber wie du weißt, haben wir ja auch das überstanden, und wir haben so viele ›erste Situationen‹ schon durchgestanden, dass es auch jetzt bestimmt gelingen wird. Alles wird gut.«

Alles, was wir unterdrücken, kommt irgendwann nur umso stärker zum Vorschein.

Schließlich will es ja gehört werden. Unsere Waisenkinder sind auf unserer Seite. Sosehr sie uns auch gelegentlich auf die Nerven gehen mögen, sind sie dazu da, dass wir unsere Schattenseiten beleuchten. Und dafür bin ich ihnen sehr dankbar.
So stellt sich auch die Frage in jeder Krisensituation, in der wir uns befinden mögen: Gibt es ein Waisenkind, das da unsere Aufmerksamkeit braucht?

Klara

Seit Klara denken kann, wird sie von Männern betrogen. Sie war ein Einzelkind, das mit zwölf von ihrem Thron geschubst wurde, als sich die Eltern scheiden ließen und ihr Vater sich kurz darauf wieder verlobte. Klara, die bis dahin die volle Aufmerksamkeit ihres Vaters genossen hatte, musste nun plötzlich teilen. Natürlich war die neue Frau des Vaters für Klara eine Zicke, begann sie doch glatt auch noch damit, an ihr herumzuerziehen, was Klara mit lautem Toben und Schmollen quittierte. Dazu reichte Klara schon die Aufforderung, das eigene Geschirr nach Gebrauch in die Spülmaschine zu stellen.
Die nächsten Jahre waren schwierig. Ihr Vater zog sich mehr und mehr zurück und wurde von der neuen Frau mit Beschlag belegt. Diese ließ sich Klaras schlechtes Benehmen einfach nicht gefallen. Es gab zwar am Anfang noch Versuche, gemeinsam in Urlaub zu fahren, aber Klara verstand es geschickt, solch eine miese Stimmung zu verbreiten, dass die Ferien für alle drei kein Vergnügen mehr waren. »Das geschieht ihnen recht!«, dachte sie damals.

Klara verliebte sich schnell und häufig. Sie war erst dreißig und hatte doch schon drei Verlobungen und eine Ehe hinter sich. Sie war bezaubernd anzusehen, schlank und sportlich; und doch entging einem der aufmerksame Blick nicht, der sich in den Rücken des jeweiligen Liebhabers brannte, wenn er sich auch nur umdrehte. Schon zweimal ist sie betrogen worden, und beide Male hat sie es herausbekommen: einmal, als sie die SMS ihres Partners überprüfte, und ein anderes Mal, als sie Jackentaschen durchsuchte.

Sie lebte seit einigen Monaten mit Kurt zusammen, und so weit ging auch alles ganz gut – wäre da nicht seine Exfreundin, die einfach nicht verschwinden wollte. Kurt hatte es von Anfang an gestört, dass er seine Ehemalige nun überhaupt nicht mehr sehen sollte, und er fand es schade, dass Klara sich so gar nicht an den Gedanken gewöhnen mochte, sie wenigstens einmal kennenzulernen.

Das fehlte ihr gerade noch! Es war doch eindeutig, dass diese Zicke ihren Freund wieder zurückhaben wollte, und die soll sie auch noch nach Hause zum Abendessen einladen? Womöglich noch was anbieten? Prosecco? Käse? Meinen Mann? Nein, nein, so doof war sie weiß Gott nicht. Was sind denn das für neumodische Sitten, die Ex als Freundin zu haben? Wenn eine Beziehung vorbei ist, dann ist sie vorbei.

Es störte sie von Anfang an, dass Kurt immer noch die Fotos von der Verflossenen behielt. Was soll denn das? Sie stellte sich dann vor, wie er sich die Aufnahmen anschaut und sich vielleicht fragt, ob er wieder zu ihr zurückkehren soll, oder sich das sogar ausmalte. Sie hätte die Bilder gern heimlich weggeworfen, aber das traute sie sich nun doch wieder nicht.

Erst nach Ultimaten und Weinkrämpfen ihrerseits versprach er, seine Ehemalige nicht mehr zu sehen. Doch Klara glaubte ihm

nicht. Sie checkte regelmäßig seine E-Mails, und prompt fand sie ein paar Wochen später die Verabredung zu einem Treffen in einem Café. Klara konnte natürlich schlecht zugeben, dass sie wusste, was an diesem Mittwoch ablief, also fragte sie ihn immer wieder, was er denn heute so mache … und morgen – und überhaupt. Irgendwann einmal schaute Kurt sie an und sagte zu ihr: »Ich sehe Susi morgen zum Kaffee. Ihr geht es nicht gut. Sie ist krank.«
Pah, krank! Das kennt man ja, dachte sich Klara. Nichts ist wirksamer als eine Frau, die Hilfe braucht.
Klara wandte sich wortlos ab und schloss sich ins Schlafzimmer ein. Natürlich erwartete sie, dass Kurt ihr nachging. Kurt hasste Szenen und wollte einfach immer, dass die Stimmung gut ist. Aber er kam nicht nach. Sie weinte ein bisschen lauter, und dann hörte sie die Tür ins Schloss schlagen. Als sie nach draußen lief, fand sie einen Zettel vor dem Schlafzimmer liegen: »Klara, ich halte deine Eifersucht nicht mehr aus. Du brauchst Hilfe. Kurt.«
Sie mochte es nicht glauben. Panische Angst kam in ihr auf. Nicht schon wieder verlassen werden! Sie ist doch nicht eifersüchtig, sie ist nur aufmerksam. Und das kann man ihr weiß Gott nicht verübeln. Schon wieder ein Mann, der ihrer nicht wert ist. Kann man sich denn auf niemanden mehr verlassen?

Was würde sich ändern? Klara erkannte in ihrem Verhalten nicht wirklich etwas Anstrengendes oder Ungewöhnliches. Ihre Kindheit, die sie immer noch aus der Perspektive des verwöhnten Einzelkinds betrachtete, hatte noch keine klärenden Aufräumarbeiten erfahren.

Da gibt es Waisenkinder, die unsere Entscheidungen bis weit in unser Erwachsenenalter hinein beeinflussen.

Klaras Waisenkind – eine Zwölfjährige – bestimmt heute noch, obwohl sie eine erwachsene Frau ist, ihr Leben.
Auch das Nachspionieren Kurts sah die zwölfjährige Klara in ihr als rechtens an und hatte keinen Zweifel, dass so etwas in einer Beziehung gestattet sei. Sie wusste nicht, was es bedeutet, gegenseitigen Respekt zu haben, sondern sie hatte sich ihr Leben auf der Basis der Manipulation eingerichtet. Etwas, was das zwölfjährige Waisenkind recht »erfolgreich« bei ihrem Vater und seiner zweiten Frau eingesetzt hatte.
Natürlich gab es unsägliche »Kinderschmerzen«, die da in ihr brodelten: Das Waisenkind will ja gehört werden! Da war das so empfundene Verlassenwerden vom Vater, und sie konnte nicht sehen, dass er sich redliche Mühe gegeben hatte, seine Tochter weiterhin in sein Leben zu integrieren. Es war ihre schiere Trotzreaktion, die das unmöglich gemacht hatte. Auch die neue Frau des Vaters hatte versucht, Klara aufzunehmen. Aber selbst nach Jahren konnte Klara kein gutes Haar an ihr lassen. Doch mittlerweile sind wir erwachsen, und jetzt liegt es an uns, diese Situationen anzuschauen und Verantwortung für unsere Taten und unser Verhalten zu übernehmen.

Natürlich wurde Klara gelegentlich darauf angesprochen. Doch in ihren Gedankengängen kam die Möglichkeit einer Veränderung nicht vor. »So bin ich nun mal« oder »Ihr müsst mich einfach so nehmen, wie ich bin«, das waren ihre Hauptargumente. Sie hatte sich natürlich Freundinnen gesucht, die sich ähnlich verhielten und sie in ihrer Auffassung »Männern kann man nicht trauen« auch noch bestätigen.

Das größte Wunder ist nicht, dass wir telepathische Fähigkeiten entwickeln oder durch Berührung vielleicht irgendwann einmal heilen könnten. Das größte Wunder ist unsere Gabe, uns selbst zu verändern.

Das zwölfjährige Waisenkind in ihr hatte Klaras Leben übernommen und sie in einer nicht enden wollenden Pubertät zurückgelassen. Zeichen der Bitterkeit waren schon vorhanden, und doch sollte sich ihr Dasein sehr schnell ändern, wenn sie nur bereit gewesen wäre, ihr Waisenkind zu trösten und somit Verantwortung für sich und ihr Leben zu übernehmen.
Klara hatte große Schwierigkeiten, sich mit ihrem Waisenkind auseinanderzusetzen. Es war ihre Mutter, die ihr schließlich den Kopf wusch. Ihre Mutter, selbst jahrelang verbittert über die schnelle zweite Ehe ihres ehemaligen Mannes, lernte nach vielen Jahren Einsamkeit einen neuen Partner kennen. Dieser hatte

selbst eigene erwachsene Kinder und eine ehemalige Frau, die er immer noch sehr schätzte. Gemeinsam wurde Weihnachten gefeiert. Ein Zustand, an den sich Klaras Mutter erst nach sehr viel Überwindung hatte gewöhnen können.
Klara hatte sich immer geweigert, daran teilzunehmen, und doch fühlte sie sich eines Tages einsam genug, um zu kommen. Ihre Mutter nahm die schlechtgelaunte Klara kurz vor der Bescherung zur Seite und sagte bestimmt: »Wenn du jetzt nicht anfängst, dich wie eine erwachsene Frau zu benehmen, dann schmeiß ich dich raus.« Zutiefst schockiert, wollte Klara zuerst beleidigt gehen, doch da nahm das Enkelkind ihres Stiefvaters sie an die Hand und wollte ihr sein Zimmer zeigen. Irgendetwas rührte sie zutiefst an dieser Geste. Und als sie sich umschaute, war ihr plötzlich klar, dass es da eine zusätzliche Familie gab, die auch sie seit Jahren aufnehmen wollte.

Ihr Weg war kein einfacher. Sie machte eine zweijährige Therapie, war viel allein und versöhnte sich nach langem Zögern mit der Stiefmutter und dem Vater. Gelegentlich fühlt sie noch ihr Waisenkind hochkommen, doch jetzt weiß sie, wie sie es beruhigen kann.
Kurt ging ihr verloren. Doch nach all der Arbeit an sich selbst lernte sie einen neuen Mann kennen. Bei ihm bestand sie darauf, gleich am Anfang seine letzte Freundin kennenzulernen. Sie waren sich auf Anhieb sympathisch.

Hanna

Hanna würde sich gern die Haare abschneiden lassen, aber das geht nicht. Ihre Haare bieten ihr Schutz. Schutz vor den Blicken, die sie abwehren muss, wenn ihr Make-up nur mühsam die blauen Flecken überdeckt. Mittlerweile ist sie mit dem Abdecken ganz geschickt geworden. Manchmal erzählt sie auch, sie sei beim Joggen gestürzt. Das erklärt das Humpeln.

Klaus ist kein böser Mann. Es tut ihm dann ja auch wieder furchtbar leid, manchmal weint er sogar, und er entschuldigt sich. Immer. Er liebt sie eben so und kann es nicht ertragen, wenn sie andere Männer anschaut. Hanna muss einfach lernen, Klaus nicht zu reizen.

Er sagt auch stets: »Warum machst du das nur? Du weißt doch, was dann passiert!«

Sie will es ja auch nicht tun. Neulich hat sie einfach nur unachtsam den Nachbarn zurückgegrüßt, und als der dann in seiner Wohnung verschwand, spürte sie den Tritt, der sie fast die Treppe runterfliegen ließ.

»Musst du es denn schon wieder vor mir machen?«, fauchte Klaus, und Hanna entschuldigte sich sofort.

Manchmal gelingt es ihr, ihn abzulenken. Dann ist der Vorfall vergessen. Manchmal gelingt es ihr nicht. Dann sieht sie, wie es in ihm brodelt, und ihr Herz schlägt so laut, dass sie befürchtet, er hört es. Sie versucht ihn dann zu beruhigen. Früher hat sie ihm in solchen Situationen sein Lieblingsessen gekocht, aber das quittierte er mal mit »So schmeckt also ein schlechtes Gewissen«. Da hat sie das künftig lieber gelassen. Am schlimmsten ist es, wenn er abends noch mal weggeht. Sie traut sich dann nicht, einzuschlafen. Einmal hat er sie im Tiefschlaf mit einem nassen Handtuch übers Gesicht geschlagen, und sie ist so erschrocken hochgeschossen, dass sie sich auch noch an der Nachttischlampe aufgeschlagen hatte.

Ihre Arbeitskollegen schauen manchmal skeptisch, und einmal hatte sie sogar eine Kollegin direkt darauf angesprochen, ob denn »zu Hause alles in Ordnung« sei. Klar ist alles in Ordnung. Die meiste Zeit läuft ja auch alles gut. Klaus ist sehr hilfsbereit und hat einen großartigen Humor. Es ist ja nicht immer, dass er so … so gereizt ist. Sie muss halt einfach achtsamer sein. Männer, wenn sie jemanden wirklich lieben, haben sich eben nicht so unter Kontrolle.
Ihr Vater war ja ähnlich. Sie hörte als Kind immer wieder den Satz: »Ihr treibt mich noch zum Wahnsinn!« Da gab es selten Zeiten, in denen das Familienleben ruhig und angenehm war. Das hielt nicht lange. Sie gewöhnte sich daran, aufmerksam zu sein. Sie traute dem kurzen Frieden nicht. Es konnte eine harte Butter sein, die ihn ausrasten ließ, oder ein nicht aufgehängter Mantel. Er fand immer etwas, und ihre Mutter versuchte über all die Jahre, den Haushalt perfekt zu führen. Doch mit Kindern liegt immer

mal etwas rum. Ihr Vater schwärmte schon früh von Hannas Freundinnen. Er fand sie schöner, attraktiver. Selbst auf ihrer Hochzeit tanzte er nicht mit seiner eigenen Tochter »Ich lass mir noch nicht freiwillig auf die Füße steigen«, lachte er vor allen Gästen. Stattdessen hatte er kurz danach ihre beste Freundin im Arm und schwärmte den ganzen Abend von ihrer Eleganz. Sie kam sich, wie immer, wie ein Trampel vor. Bei Klaus hat sich das nicht geändert. Auch er schwärmt gern von anderen Frauen. Das machen Männer nun mal.
Sie gehört nicht zu den Frauen, die sich verprügeln lassen und dann ins Frauenhaus flüchten. Das sind doch alles Asoziale. Dazu zählt sie nicht. Das gibt sich wieder, wenn Klaus' Krise im Büro vorbei ist oder wenn endlich das Kind kommt, auf das er schon so wartet. Hanna eigentlich auch, aber irgendwie macht sie sich Sorgen, ob er denn mit dem Kind auch so umgeht. Doch Klaus ist immer ganz lieb zu Kindern. Das hat sie ja schon ein paar Mal gesehen. Er spielt auch so gern mit ihnen; und wenn sie dann nach Hause kommen, ist er immer so niedergeschlagen. Bestimmt wird es besser, wenn das Kind kommt.

Hanna erhofft sich etwas, was nicht eintreten wird. Sie glaubt, dass es an ihrem Benehmen liegt, wenn Klaus aggressiv wird. Schon als kleines Mädchen fühlte sie die Verantwortung für die Stimmung zu Hause. Aber die Gereiztheit in ihrer Kindheit lag weder an ihr noch an ihrer Mutter, sondern an den extremen Anforderungen, die der Vater stellte. Doch egal, wie sie sich verhält, ihr Vater wie ihr Ehemann werden immer etwas finden. Hanna braucht Hilfe.

Jeder hat das Recht, sich zu schützen.

Das fängt bei einem Donnerwetter an, das ein frustriertes Gegenüber über einen ausschüttet, und hört bei akuter Lebensbedrohung auf. Bei einem Streit können wir gehen und später, wenn sich der Sturm gelegt hat, wiederkommen und ein Gespräch anregen. Im Fall Hannas wird das allerdings nicht reichen. Sie braucht professionelle Hilfe und die Polizei. Sie kann sich dem nicht allein aussetzen, da sie dafür nicht die Kraft hat. Inwieweit Klaus noch gewalttätiger wird, ist nicht abzusehen, doch das Risiko, das Hanna hier auf sich nähme, wäre zu groß.

Es dauerte eine Weile, bis Hanna einsah, dass ihre Lebenssituation nicht normal ist. Es war ein Fernsehfilm, der ihr die Augen öffnete. Die Frau da, die ganz normale Frau im Fernsehen, war wie sie. Gutsituiert. Mittelschicht. Auch sie hatte lange Haare, auch sie hatte einen Klaus. Ihren Klaus. Als der Film zu Ende war, schüttelte es sie, und sie weinte noch, als Klaus nach Hause kam. Sie schob es auf einen Liebesfilm, der im Fernsehen lief. Klaus umarmte sie und wollte sie trösten. Sie erstarrte unter seiner Umarmung.

Die Eltern konnten ihr nicht helfen. Ihr Vater würde sie sofort wieder mit einem »Stell dich nicht so an« nach Hause schicken, und ihre Mutter hätte nur ein mitfühlendes Schulterzucken und ein »Sei vorsichtig« übrig. Freundinnen hatte sie kaum mehr. Klaus mochte sie alle nicht. An wen sollte sie sich wenden?
Die nächsten Tage verbrachte sie in einem steten Gefühl der Panik. Sie befürchtete, dass Klaus ihre Gedanken lesen konnte, und erstaunlicherweise war er die Tage auch ziemlich ruhig gewesen. Fast hätte sie ihren Plan, zu gehen, wieder aufgegeben, da passierte ihr das mit dem Frühstücksei. Er will seine Eier genau dreieinhalb Minuten gekocht haben, und dieses war eindeutig hart. Seine Augen funkelten vor Zorn, und nur weil er dringend wegmusste, gab es lediglich eine Drohgebärde mit der Hand. Nein, er würde sich nicht ändern. Es würde nicht besser.
Ihre frühere Freundin Sylvia, die damals mit ihr die Ausbildung zur Fremdsprachenkorrespondentin gemacht hatte, rief ausgerechnet an diesem Tag bei ihr im Büro an. Sie sei für ein paar Tage in der Stadt und ob man sich nicht sehen könne? Hanna traf sich mit ihr zu Mittag. Es war alles so wie früher, doch da platzte es aus ihr heraus.
Sylvia war entsetzt. Ihr Mann hatte ein Bodybuildingstudio und war mit ihr angereist. Sie boten ihr an, sofort mit nach Aachen zu kommen und dort bei ihnen zu wohnen, um erst einmal Zeit zum Nachdenken zu haben. Ein Frauenhaus ging auch, aber Sylvias Mann versicherte ihr, dass er sich um sie kümmern würde. Er wol-

le mitgehen, wenn sie auszöge. Er könne auch ein paar Freunde mitbringen.
Hanna ging das irgendwie alles zu schnell, und doch wusste sie, dass ihr anderenfalls jetzt schon Prügel drohten, denn sie hatte Klaus' Anruf auf dem Handy schon zweimal ignoriert. Das, so fühlte sie, war ihre Chance. Sie fing an, wieder ihrem Gefühl zu vertrauen. Trotz aller Panik spürte sie doch einen Schimmer Hoffnung. Sylvia und ihr Mann wirkten so stark, und das, was sie brauchte, war deren Hilfe. Dies war ihr klargeworden. Und wenn sie so schnell kommen sollte, dann wollte sie sich diese auch nehmen.

Klaus war überrascht, als er nach Hause kam. Da stand ein fremder Mann im Wohnzimmer mit einer fremden Frau. Hanna hörte er im Schlafzimmer. Der Mann erklärte ihm, dass er Hanna mitnehmen würde: Sie ziehe aus und werde Anzeige erstatten. Es würde ihm nicht erlaubt werden, sich seiner Frau zu nähern.
Klaus rief nach Hanna, doch sie antwortete nicht.
Beim Verlassen der Wohnung zwang Hanna sich, ihn anzuschauen, wobei sie alle Stoßgebete dieser Welt zum Himmel schickte: »Ich werde nie wiederkommen. Du brauchst Hilfe.«

Die nächsten Wochen verbrachte sie mit Nachdenken. Sie hatte sich drei Monate unbezahlten Urlaub genommen wegen »privater Gründe«. Der wurde ihr sofort zugestanden. Sie suchte sich eine

Therapeutin, lernte und las alles, was sie über Gewalt in der Ehe zu fassen bekam, und erkannte mehr und mehr, was sie erlaubt hatte.
Sie zeigte Klaus an – was neben dem Auszug der schwerste Schritt war –, und er durfte sich ihr nicht mehr nähern. Seine Eltern riefen noch einmal an, um mit ihr zu sprechen. Sie klärte sie über die Ehe auf und sagte, dass sie ihrem Sohn bitte helfen sollten. Fassungslos hörten die Eltern den Erfahrungen ihrer Schwiegertochter zu.
Hanna beschloss, in Aachen zu bleiben. Sie fühlte sich in Sylvias Nähe wohl, und sie schätzte die Beziehung, die die beiden miteinander hatten.
Sie nahm Karateunterricht im Bodybuildingstudio. Sie wollte endlich wissen, wie es sich anfühlt, sich zu verteidigen. Sie wollte ein anderes Leben führen. Sie wollte kein Opfer mehr sein. Sie wollte wissen, wie man sich verteidigt. Sie hat sich versprochen, dass sie nicht zu den Frauen gehört, die wieder zurückgehen – und das tat sie auch nicht.

Ihr Waisenkind meldet sich gelegentlich. Sie kennt es jetzt aber und kann mit ihm sprechen. Einer der Männer, mit denen sie nach der Scheidung ausging, holte sie ab. Ihre Katze, die sie sich kurz zuvor aus dem Tierheim geholt hatte, lag auf ihrem Lieblingsplatz auf der Couch. Hanna holte gerade Tee aus der Küche, als sie aus dem Augenwinkel sah, wie er die Katze grob auf den Boden schmiss. Hanna war entsetzt: Wie kann man nur so brutal sein? Da meldete sich ihr Waisenkind wieder, das ihrer eigenen Wahrnehmung nicht vertraut und über Jahre manipuliert worden war: »Aber nein, das hast du dir nur eingebildet. Er hat das bestimmt nicht so gemeint. Vielleicht hat ihn die Katze ja gekratzt. Sei nicht so!«

Doch Hanna widerstand dem Vorschlag des Waisenkinds. Nach dem Tee verabschiedete sie ihn kurz und nahm keine weiteren Einladungen mehr an. Das nächste Mal, so hofft sie, wird sie genug Mut aufbringen, solch einen Vorfall gleich anzusprechen. Dieses Mal wollte sie ihn nur so schnell wie möglich loswerden.

5 Mit der Angst sprechen

Unsere Ängste sind unsere Freunde. Sie sind den Waisenkindern nicht unähnlich. Sie wollen uns unsere Schattenseiten bewusst machen. Hannas Angst wollte ihr zeigen, dass sie so, wie sie lebt, nicht leben muss. Ihre Angst hatte immer wieder versucht, sie zum Bewegen anzuregen. Und ihre Angst war es letztlich auch, die ihr geholfen hat, sich zu befreien.

Es gibt drei Arten von Ängsten. Die einen kommen von unserer Intuition und mögen uns warnen, im Dunkeln nicht durch einen Park zu gehen oder nicht länger in einer untragbaren Lebenssituation zu bleiben: eine sehr nützliche Einrichtung, die nicht unterdrückt werden sollte.

Dann gibt es Ängste, die sich als Sorgen um die Zukunft zeigen: Widrigkeiten, die uns oder unseren Kindern zustoßen könnten – wie Krankheit, Arbeitslosigkeit, Tod – und die uns über Gebühr beschäftigen, obwohl unser Leben in der Gegenwart gar nicht dramatisch verläuft.

Und dann gibt es die Ängste, die sich irgendwann einmal festgesetzt haben und denen die logische Basis fehlt.
Diese letzten beiden gilt es zu betrachten und daraus zu lernen.
Als Erstes hilft es uns, zu verstehen, dass unser Leben unendlich ist.

Wir sind Seelen,
die menschliche Erfahrungen machen.

Trotzdem sind wir nicht frei von Sorgen um das Sterben. Wir wollen leben. Gesund leben. Ohne Mangel leben. Ein Urinstinkt, der schon seit Jahrhunderten in unserem Genpool verankert ist. Als Seele wissen wir, dass wir ewig leben, als Mensch sind wir uns nicht ganz sicher.

Wenn ich mich in einer Situation befinde, in der ich Angst habe, dann bitte ich meine Angst zu einem Gespräch. Das funktioniert für mich meistens so, dass ich mir Zeit für diese Meditation nehme und zuerst bete:

»Lieber Gott, lieber Engel,
ich bedanke mich für die Unterstützung
bei dieser Herausforderung.«

Ich bin still, atme, beobachte meine Gedanken.

Wenn es dann ruhig ist,
bitte ich meine Angst, sich zu zeigen.

Häufig kommt sie als Tier oder als Fabelgestalt. Dann bitte ich sie, näher zu kommen. Das tut sie dann auch.

Danach frage ich meine Angst,
was sie mir sagen möchte.

Ich warte, und Gedanken kommen zu mir, die zum Teil überraschende Aussagen machen.

Dann frage ich, was ich tun kann,
um die Situation zu entspannen.

Auch da gibt es Vorschläge. Meistens frage ich noch, was die Angst von mir braucht, damit sie entspannter wird. Hier gibt es ebenfalls Gedanken, die mir geschickt werden.

Am Schluss bedanke ich mich bei meiner Angst,
und ich bestätige noch einmal, dass ich erkenne,
wie hilfreich sie mir sein will.

Die diversen Schritte zur Lösung werden von mir beachtet und durchgesetzt.

Panikanfälle haben ihre eigene Dynamik. Es wird sicher nützlich sein, sie mit Hilfe einer regelmäßigen Therapie zu bearbeiten. Das ist fast wie beim Abnehmen. Wenn wir alte Gewohnheiten – und Panik ist eine Gewohnheit – ablegen wollen, dann hilft es uns, wenn wir jemanden zur Seite haben, der uns dabei fachkundig berät: ein Arzt, ein Coach, ein Therapeut, ein spiritueller Lebensberater.

In Paniksituationen hilft es, sich zu einem regelmäßigen Atmen durchzuringen.

Tiefes Einatmen (in Gedanken bis fünf zählen) und tiefes Ausatmen (ebenfalls bis fünf zählen) unterstützt unseren Körper bei der Eindämmung des Adrenalinausstoßes. Adrenalin ist bekanntermaßen ein Hormon, das bei Panik massenhaft ausgeschüttet wird. Das Mitzählen (ausatmen: eins, zwei, drei, vier, fünf – einatmen: eins, zwei, drei, vier, fünf) entweder in Gedanken oder laut hilft, die Konzentration auf den Atem zu legen. So eine Panik kündigt sich häufig vorher an, indem eben genau unser Atem sich verändert. Je mehr wir uns kennen, desto aufmerksamer können wir gerade die ersten Zeichen einer Panik dazu nutzen, diese Atemübung sofort durchzuführen.

Eine weitere Möglichkeit ist das Beobachten der Körperreaktionen.

Was passiert da gerade? Ist mir heiß? Ist mir kalt? Kribbelt es irgendwo? Zieht es meinen Nacken zusammen? Wie fühlt sich mein Magen an? Was machen meine Augenlider? Wie verspannt ist mein Unterkiefer?
Mit dem Beobachten der eigenen Körperreaktionen entsteht eine gewisse Distanz zu unserer üblichen automatischen Reaktion. Dieses Konzentration auf unseren Körper schwächt die Panikreaktion, denn wir unterdrücken sie nicht und flüchten nicht vor ihr. Wir nehmen sie jetzt bewusst wahr.
Das ist ein sehr wichtiger Bereich im Leben: das Wahrnehmen der verschiedenen körperlichen Reaktionen, ohne sie zu unterdrücken. Unsere normale »Abwehrreaktion« ist, davor zu flüchten. Sie unter den Teppich zu kehren. Und wir wissen, was mit Dreck unterm Teppich passiert. Dummerweise verschwindet er nicht, sondern er stinkt und macht das Leben ungenießbar.
Also:

Was fühle ich?
Wo fühle ich es?
Wie fühlt es sich an?

Helmut

Helmut lügt. Es sind Notlügen. Es geht einfach gar nicht anders. Jeder lügt doch irgendwie. Lügen gehören einfach zum Leben. So hat er sich das zurechtgelegt.
Er lügt seine Frau an, wenn er sagt, dass er mit einem seiner Mitarbeiter noch ein Bier trinkt.
Er lügt seine Eltern an, wenn er sich mal wieder Geld leiht.
Er lügt seine Kinder an, wenn er mal wieder keine Zeit hat.
Er ist spielsüchtig. Und er verliert. Manchmal gewinnt er auch. Und er weiß, dass er irgendwann allen alles zurückzahlen wird, wenn er wieder eine Glückssträhne hat. Aber dafür braucht er Geld, und das hat er gerade nicht. Das besitzt er schon lange nicht mehr.
Er hat sich ein sorgfältiges Kartenhaus aufgebaut, bei dem keine Karte umfallen darf. Jeden Morgen, wenn er in seine Schreinerei geht, weiß er, dass es heute passieren kann. Eine Bank, die nicht mehr warten will. Ein Gerichtsvollzieher, der geschickt worden ist. Ein Kunde, der nicht pünktlich zahlt und auf dessen Geld er so gewartet hat. Er sieht seine zwei Angestellten an und fühlt sich schlecht, weil er weiß, wenn er untergeht, gehen sie auch mit. Und seine Frau. Und seine Kinder. Und seine Eltern. Er hat das Haus bis unters Dach beliehen und sogar die Lebensversicherung seiner Eltern als Sicherheit hinterlassen.
Seine Angst, wie sein Schatten, weicht nicht mehr von seiner Seite. Sie steht drohend neben ihm und nimmt ihm all seine Lebens-

freude. Selbst wenn er in kurzen Momenten lacht oder sich über etwas freut, hämmert seine Angst auf ihn los, und er spürt dieses Drohen in sich: »Du lachst? Du hast nichts zu lachen. Bald wird dir das Lachen endgültig vergehen. Warte, bald, bald erwischen sie dich! Und dann ist es aus!«

Er wacht mit einem Loch im Herzen auf und geht mit einem Loch im Herzen ins Bett. Es gibt nur eine einzige Ausnahme, eine Situation, in der ihm dieses Loch nicht bewusst wird, und das ist Pokern. Dazusitzen mit den Karten in der Hand, die Sonnenbrille auf, damit man seine erweiterten Pupillen – ein Ausdruck der Freude über gute Karten – nicht erkennt. Er möchte sich als Gewinner sehen, und oft hat er sich auch schon so gefühlt. Dieses Gefühl will er wiederhaben. Muss er wiederhaben. Das ist die einzige Zeit, in der er hochkonzentriert im Hier und Jetzt ist. Alles andere ist unwichtig. Wie ein Rausch erfasst es ihn. »Risiko! Risiko!«, ruft es in ihm – und: »Wer nicht wagt, der nicht gewinnt! Komm schon! Jetzt ist sowieso alles zu spät!«

Dann setzt er … und verliert.

Und das Loch ist wieder da. Wenn er die Karten faltet und dann aufsteht, schafft er es kaum hoch. So hohl fühlt er sich, die Angst nimmt ihm die Kraft aus den Beinen. Und dann sieht er seine Frau, seine Kinder, seine Eltern, seine Mitarbeiter vor seinem inneren Auge.

Er möchte schreien, rufen, weglaufen.

Oder sterben.

Letzten Sonntag war er in der Kirche. Am Nachmittag, als es dort still war. Es war ein stummer Schrei nach Hilfe. Er ist sich nicht sicher, ob er gehört wurde.

Krisen sind einfacher zu heilen, wenn man schon seit einiger Zeit eine spirituelle Basis aufgebaut hat. Angenommen, Helmut hat das nicht. Sein Versuch, mit Gott in Kontakt zu treten, ist für ihn der letzte Strohhalm. Und sein Verhältnis zu Gott lässt sich auch mit einem Strohhalm vergleichen. Zumindest von seiner Seite aus. Da gibt es kein starkes Band. Keine regelmäßigen Gespräche. Kein Gefühl, dass Gott für ihn da ist, dass ihm die Engel als Ratgeber zu Hilfe eilen wollen.
Wie kann Helmut beginnen?
Den ersten Schritt hat er schon gemacht. Er hat den Wunsch nach Hilfe geäußert. Wenn er möchte, kann er mit einfachen Meditationen anfangen:

Gedanken beobachten.
Dem eigenen Atem zuhören.
Den Körper fühlen.
Den Vögeln lauschen.

Der Verstand meldet sich bei solchen Übungen sofort: »Was, das soll nützlich sein? So ein Schwachsinn! Ich brauche Hilfe, richtige Hilfe, und was soll es mir bringen, wenn ich den Vögeln zuhöre?«

In einer Krise denkt unser Verstand fast ununterbrochen nach. Es entsteht eine Hektik in unseren Gedanken, die die Krise nur verstärkt. Wir können nicht mehr klar denken. Was wir brauchen, ist Ruhe.

Ruhe und Abstand, um unsere Situation weniger emotional betrachten zu können. Dazu muss unser Verstand beruhigt werden, und dabei helfen diese Übungen. Wenn man sie ein paar Mal gemacht hat, dann ist etwas mehr Ruhe eingekehrt. Dann können wir auch in unseren Gebeten die Vorschläge der Engel deutlicher hören.

Helmut kann bei seinem nächsten Kirchenbesuch zum Beispiel erst einmal seine Gedanken beruhigen, indem er vielleicht das »Vaterunser« spricht oder seinem Atem zuhört. Falls er dann möchte, kann er in diesem Gebet nach dem ersten Schritt aus der Krise fragen. Wenn wir eine Frage stellen, warten wir, bis der andere uns antwortet. Das ist bei Engeln nicht anders, auch sie brauchen eine Art »Leerraum«, in dem sie antworten können. Und da sie nicht als Person vor uns stehen, sprechen sie »in uns«. Bei Engeln bedeutet dies, dass sie uns einen Gedanken, eine Idee oder innere Bilder schicken.

Der erste Schritt aus der Krise heraus kann ein ungewöhnlicher sein. Er mag uns nicht gefallen. Wir trauen uns vielleicht nicht, und so wird nicht selten bei einem weiteren Gebet wieder nach einem ersten Schritt gefragt, in der Hoffnung, dass ein anderer

Vorschlag kommt, der uns besser gefällt. Häufig erfahren wir dann nichts mehr. Denn uns wurde ja schon der erste Schritt mitgeteilt, und den sollten wir erst einmal gehen. Natürlich erfordert es in der Regel sehr viel Mut, solch einen ersten Schritt aus der Krise zu gehen, aber auch dabei können wir die Engel bitten, dass sie uns unterstützen: *»Bitte seid bei mir, wenn ich mit … spreche.«*

Unser Leben funktioniert selten so, dass nach einem Gebet alle Probleme gelöst werden. Wir beten um Hilfe. Und wir werden auch unterstützt, allerdings haben wir natürlich selbst etwas dazu beizutragen. Und so schwer es Helmut fallen mag: Um in dieser Situation Heilung zu erfahren, wird er sich öffnen müssen. Ein wenn auch noch so unwahrscheinlicher Lottogewinn könnte ihn nicht retten, denn damit würde er sich seiner Seelenhausaufgabe nicht stellen. Ein unerwarteter Geldsegen würde nur da landen, wo alles andere Geld auch verschwunden ist: auf dem Pokertisch.

Helmut wird sich helfen lassen müssen. Die Beratungsstellen für Spieler und Schuldner sind vertraut mit dieser Art von Selbstzerstörung. Sie haben die Erfahrung, die ihm nützlich sein kann. Nicht selten ahnen die Familienmitglieder, Freunde und Kollegen von Spielern schon etwas. Auch sie haben Seelenhausaufgaben und wollen aus dieser Situation etwas lernen.

Aber natürlich gilt auch hier, was für alles andere gilt: Wenn Helmut es will, kann er sein Leben verändern. Wenn nicht, dann werden seine weiteren Entscheidungen einen sehr offensichtlichen Weg gehen.

Helmut konnte sich nicht entschließen, die Wahrheit zu sagen. Irgendwann einmal nahm das Drama seinen vorhersehbaren Lauf, und er vermochte das zusammenfallende Kartenhaus nicht mehr zu retten. Er hatte zu lange gewartet.

Seine Frau bleibt bei ihm, aber er merkt, dass ihr Vertrauen in ihn verlorengegangen ist. Ihr Blick ruht unsicher auf ihm. Er weiß, dass sie nicht mehr lange bei ihm bleiben wird, wenn er seine Sucht nicht unter Kontrolle bekommt.

Er hat sich einer Gruppe mit ähnlichen Prinzipien wie denen der Anonymen Alkoholiker angeschlossen, die sich um Spielsüchtige kümmert. Das regelmäßige Treffen zweimal die Woche hilft ihm. Es ist ihm klargeworden, dass er nie wieder »einfach so« spielen kann. Wie ein Trinker vom Alkohol muss er dem Spielen fernbleiben.

Er hat den Sport für sich entdeckt. Die vollständige Verausgabung kommt dem Gefühl der Ablenkung am nächsten. Er spielt wieder Fußball. Sogar im Verein. Seine Firma hat er verloren. Er fand aber einen Job bei einem Konkurrenten. Er ist dabei, seine Schulden zurückzuzahlen. Das wird eine Weile dauern. Er bemüht sich, nicht zu häufig darüber nachzudenken: Er will jeden neuen Tag ohne Spielen gut überstehen. Das hat er sich vorgenommen.

Annika

Annikas Tochter Lena ist neunzehn Jahre alt. Und was für eine Neunzehnjährige! Lena ist im letzten Schuljahr vor dem Abitur, doch alles, was sie mag, sind Partys und Jungs. Irgendwie schafft sie es immer, jeder Anstrengung aus dem Weg zu gehen.

Annika macht sich Sorgen. Was wird wohl aus ihrer Tochter werden? Ihr neuer Freund ist eine einzige Katastrophe. Wie der schon aussieht! Der kriegt kaum den Mund auf. Annika befürchtet, er trinkt zu viel. Tagein, tagaus macht sich Annika Sorgen um ihre Tochter. Was, wenn sie das Abitur nicht schafft? Was, wenn sie auf der schiefen Bahn landet? Was, wenn sie Alkoholikerin wird? Was, wenn ihr neuer Freund noch schlimmer ist, als er aussieht, und sie womöglich noch vergewaltigt, schlägt oder sie Aids bekommt oder schwanger wird …?

Manchmal schleicht sie sich nachts in Lenas Zimmer und setzt sich an ihr Bett, nur um ihren ruhigen Atem zu hören. Zuweilen entdeckt sie dann das Kind unter Lenas mal wieder nicht abgeschminktem Gesicht, und da sieht sie so klein und verletzlich aus. Es bricht ihr das Herz, dass Lena nicht mehr auf sie hört.

Lenas letzter Freund war auch so ein komischer Kerl, der sie dann betrogen hat – und über diesen Kummer ist Lena monatelang nicht hinweggekommen. Das will ihr Annika ersparen, doch keiner ihrer guten Ratschläge kommt an. Die Sorge um sie legt sich wie eine dunkle, schwere Decke auf ihr Herz, und oft muss sie dann aus dem Zimmer gehen, damit ihr Schluchzen Lena nicht aufweckt.

Annika ist ihr eigenes Leben fast verlorengegangen, weil sie sich in Gedanken nur noch um Lena kümmert.
Kommt Ihnen das bekannt vor?
Ja, manchmal sind wir im Leben des anderen so verschwunden, dass wir unseres kaum mehr wahrnehmen. Wir freuen uns nicht mehr. Wir planen nichts mehr. Wir leben nicht mehr. Gerade wenn es unsere Kinder betrifft, sind wir nicht selten verzweifelt: Schließlich haben wir sie aufgezogen, und da muss doch was Anständiges dabei rauskommen, oder nicht?
Und dennoch muss Annika lernen, ihre erwachsene Tochter loszulassen. Jede Seele muss ihre Erfahrungen selbst machen. Auch unsere Kinder! Und das fällt uns manchmal schwerer als alles andere. Natürlich ist es immer noch wichtig, bei lebensgefährlichen Situationen einzuschreiten. Doch jeder Mensch lernt auf seine eigene Art, und wir haben zu akzeptieren, so schwer uns das fallen mag, dass auch unsere Kinder – natürlich altersgemäß – ihre Fehler selbst machen müssen.
Jedes Kind muss seine Psyche richtig entwickeln können, und das kann es in jungen Jahren nur dann, wenn die Eltern konsequent mit ihrer Erziehungsarbeit sind und ihren Schützlingen nicht zu früh Entscheidungen überlassen. Wenn Siebenjährige sich ihre Unterrichtsstunden selbst aussuchen dürften, dann würden sie nie

lernen, dass man Durchsetzungsvermögen und Übungen braucht, um etwas zu verstehen. Ich glaube, dass die Erziehung der Kinder nicht nur den persönlichen Vorlieben überlassen sein sollte, sondern dass es wichtig ist, auch dementsprechende Literatur zu lesen und den einen oder anderen Experten zu befragen. Ich bin sehr für eine Art Elternführerschein, also Unterricht in Erziehungsfragen, an dem wir alle als Eltern teilnehmen müssen.
Werden unsere Kinder aber dann zu Erwachsenen, können wir sie nicht mehr wegtragen, wenn sie »ihre Hand auf die heiße Herdplatte legen« wollen. Wir, als Eltern, müssen uns zurückziehen und irgendwie darauf vertrauen, dass wir eine Grundlage in unserer Erziehung gelegt haben, auf die unsere Kinder zurückgreifen können.

In einem meiner Gebete über meine achtzehnjährige Tochter hieß es von meinen Engeln: »Lass sie ihre eigenen Erfahrungen machen.« Und gleich danach: »Sag nur etwas, wenn du gefragt wirst.«
Das, muss ich gestehen, halte ich nicht immer durch. Ich übe noch.

6 Die natürliche Ruhe des Seins

Je länger wir uns einem spirituellen Training widmen, desto leichter fallen wir natürlich in diese unendliche Ruhe des Seins. Das ist ein vertrauter Platz für uns. Wir kennen ihn. Wir waren schon hundertmal da.

Wenn wir anfangen, uns diesen Platz zu erobern, dann ist das nicht immer einfach. Doch auch hier gilt die Wahrheit *»Nicht alles ist für jeden nützlich«*.

Die Stille zu erreichen – einfach, um auszuspannen, um durchzuatmen, um im Jetzt zu leben – wird auf verschiedene Weisen gelingen. Und es liegt an uns selbst, herauszufinden, was für uns am einfachsten ist.

Marion arbeitet in einem Seniorenheim und geht auf in ihrem Beruf. Doch was sie fast noch dringender braucht, ist ihre Zeit in der Badewanne, wenn sie nach Hause gekommen ist. Sie lässt das Wasser ein, fügt ihr Lieblingsschaumbad mit Rosenduft hinzu, dann legt sie ihre Debussy-CD auf, und mit einem tiefen Seufzer lässt sie sich ins Wasser sinken. Ihre Kinder wissen, dass dies die Zeit ist, die Mama braucht, bis sie wieder »normal« wird; und Marion weiß, dass sie damit recht haben.

Hugo bewundert Sonnenuntergänge. Nichts entspannt ihn mehr, als mit einer Zigarette auf dem Balkon zu sitzen und den Sonnenuntergang zu betrachten. (Ja, natürlich ist Zigarettenrauchen ungesund. Aber er sitzt auch nicht da und raucht hektisch eine ganze Schachtel. Er genießt seine Zigarette. Eine gänzlich andere Art des Rauchens.)

Annette ist seit Jahren begeisterte Anhängerin einer indischen Meditationsgruppe: Ein gesungenes »Om Nava Shiva« entspannt sie unendlich und schenkt ihr ein herrliches Glücksgefühl.

Knut braucht seine Indianerpfeife. Selbst wenn er keine Zeit hat, sie in Ruhe mit dem bestimmten Ritual zu rauchen (das dauert immerhin fast eine Dreiviertelstunde, manchmal länger), so reicht es ihm häufig, wenn er sie einfach nur im Arm liegen hat. Das Holz, der sanft geschwungene Kopf, das alles beruhigt ihn so unendlich, und manchmal versinkt er regelrecht bei ihrem Anblick. Alles, wirklich alles, verschwindet.

Wann immer Sigrid gestresst ist, schnappt sie sich ihre Gummihandschuhe, ihren kleinen Korb mit den Werkzeugen und geht in den Garten.

Ursula liebt ihre Yoga-Atemübungen. Sie legt ganz automatisch die Finger auf ihre Nasenflügel, um abwechselnd eines zu- und das

andere aufzulassen. Die Konzentration auf den Atem, wie er durch ihren Körper geht, entspannt sie schnell.
Volker liebt sein Klavier, Michaela ihre Laufschuhe.

Meine Art des Hineinfallens hat sich im Laufe der Jahre geändert. Zurzeit benutze ich folgende Methode. Ich schließe die Augen und lasse meine Gedanken nicht einfach planlos reisen, sondern ich frage mich: Was denke ich eigentlich?
Dann passiert erst einmal etwas Wundervolles: Es wird still. Ich denke nichts. Es ist meinen Gedanken wohl zu peinlich …
Dieser Moment der Stille ist jedem gegeben. Alles, was wir dazu brauchen, ist nur ein einziger Satz: »Was denke ich gerade?« Und dann ein aufmerksames Beobachten. Absolute Ruhe und Entspannung in unserem Verstand und ein tiefes Gefühl des Friedens machen sich in mir breit. Ich muss dann immer fast automatisch lächeln.
Jetzt kommt wieder mal ein Gedanke. Nein, der »kommt« nicht, er kriecht herein. Wie in Zeitlupe … ganz langsam. Wenn ich weiterhin aufmerksam bin – und mich nicht darin verliere –, dann bleibt dieser Gedanke so, wie wenn man die »Slowmotion« bei einem Film sieht. Zwischen den seltenen Worten lange Pausen der Stille. Alles wird langsamer. Auch unsere panischen Gedanken. Ich beobachte sie nur, laufe also nicht mit.
Der Unterschied ist ein ganz einfacher. Wenn ich zum Beispiel denke: »Was wird wohl werden, wenn ich meinen Job verliere?«,

und ich dabei mitlaufe, dann jagt ein dramatischer Gedanke den anderen. Ich denke daran, wie ich meine Wohnung aufgeben muss, sehe mich schon unter einer Brücke schlafen. Meine Freunde verlassen mich, weil ich arm geworden bin, und so weiter. Ich mache das Drama also in Gedanken noch größer, als es ist. Wenn ich den Gedanken hingegen nur beobachte, dann warte ich einfach, was als Nächstes kommt. Und meistens kommt … nichts.
Das allein ist schon sehr beruhigend.

Also … hier kommt gleich eine Frage von mir an Sie: Haben Sie Lust, das gleich hier und jetzt mal zu versuchen? Ein spirituelles Buch ist nur dann sein Geld wert, wenn man das, was man liest, auch ausprobiert.
Ja?
Jetzt wäre ein guter Moment.

Wenn nicht jetzt, wann dann?

Was war es nochmal? Ach ja, genau: Sie schließen ganz einfach die Augen und stellen sich in Gedanken die Frage: »Was denke ich gerade?«
Und dann warten Sie ab, was denn da so kommt.

Jeder von uns hat »seinen Moment«. Den nämlich, der uns in eine Art Entspannungszustand versetzt. In dem unser Verstand aufgefordert wurde, still zu sein. Das passiert, wenn die Aufmerksamkeit auf eine bestimmte Tätigkeit gelenkt wird. Wenn wir eben nicht erlauben, dass sich ein Eigenleben in unserem Gehirn ausbreitet, das uns tiefer und tiefer in Schwierigkeiten bringt.
Suchen Sie sich erst einmal etwas, was Sie beruhigt. Und wenn Ihnen nichts einfallen sollte, dann probieren Sie einfach mal die verschiedenen einschlägigen Angebote aus. Und … Fernsehen gilt nicht.
Warum nicht?
Fernsehen ist reine Ablenkung und beschäftigt uns zu sehr. Wir nehmen weiterhin »Input« auf, statt unseren Verstand zu entspannen. Sehen wir etwas Aufregendes, dann produziert unser Körper noch zusätzlich Adrenalin. Auch ein hektisches Computerspiel zum Beispiel mag uns ablenken, aber es entspannt uns nicht.
Die Badewanne, der Atem, die Stille, die Musik, die Natur, der Sport – dies alles führt zu einer Entspannung. Und das ist es, was wir bei der Anspannung des täglichen Lebens dringend brauchen.

**Denn erst durch die Stille sind wir in der Lage,
eine Krisensituation zu heilen.**

Sie ist es, die uns die Plattform gibt, auf der wir das tiefste Wissen unserer Seele erreichen können.

7 Schritte zur Heilung der Krise

Wenn ich mich in einer – großen oder kleinen – Krise befinde, gehe ich nach bestimmten Schritten vor, weil sie sich als nützlich erwiesen haben:

Das Beruhigen der rasenden Gedanken: Dabei beobachte ich einfach nur, was ich denke. Wenn ich mich dann genug entspannt habe – das dauert manchmal eine, manchmal fünf Minuten –, spreche ich mein Gebet und bitte Gott und die Engel um Beistand.
Manche von uns haben große Schwierigkeiten, Gott zu bitten. Auch bei mir war es einfacher, mich zuerst an die Engel zu wenden. Sie waren weniger mit Dogmen besetzt, und es fiel mir leichter, sie mir liebevoll vorzustellen.

In der Stille meiner Meditation
stelle ich dann meine wichtigste Frage:
»Was ist der Segen in dieser Krise?«

Ich weiß, dass jede Herausforderung ein Geschenk für mich bereithält. Dieses gilt es zu entdecken. Deshalb die Frage: »Was ist der Segen darin?«

Dann warte ich auf Antwort. Ich warte dabei, wie man beim Telefonieren wartet. Ich weiß, dass ich eine Antwort bekomme, schließlich antworte ich meiner Tochter ja auch, wenn sie mich etwas fragt, und so wird mir mein Vater/meine Mutter im Himmel auch antworten, wenn ich darum bitte.

Das mag manchmal eine Weile dauern, was wahrscheinlich nicht an der Bereitschaft Gottes liegt, sondern eher an meinem Verstand, der da meint, er müsse auf die Schnelle selbst etwas erfinden. Das sind dann in der Regel die lauten Töne. Gott spricht aber eher leise. Die Engel ohnehin.

Wenn ich den Segen nicht verstehe, der in jeder Krise enthalten ist – den Nutzen also –, dann frage ich noch einmal. »Warum passiert mir das? Was ist der Segen darin?«

Das mögen so unterschiedliche Gründe sein wie »damit ich nein sagen lerne«, »damit ich andere so akzeptiere, wie sie sind«, »damit ich mehr auf meinen Körper höre«, »damit ich zu vertrauen« oder »damit ich Demut lerne«.

Es beruhigt mich, zu wissen, warum ich etwas erfahre. Das macht es natürlich auch leichter. Ich kann mich somit aufmerksamer beobachten. Meine Schritte achtsamer in die Heilung dieser Situation lenken.

Wenn ich die Antwort erhalten habe, frage ich:
»Was ist mein erster Schritt heraus aus dieser Krise?«

Die Frage nach dem ersten Schritt habe ich mir vor Jahren angewöhnt. Eigentlich möchte ich natürlich immer gern herausfinden, wann und wie sich diese Situation wieder auflöst, damit ich mein normales entspanntes Leben weiterführen kann. Doch ich musste feststellen, dass ich sehr viel schwerer Antworten dazu bekam. Der erste Schritt kann vom Verstand nicht so schnell manipuliert werden. Dem Vorschlag der Seele nach »dem ersten Schritt« schaut unser Verstand noch recht entspannt zu.

Da kommen dann häufig die unterschiedlichsten Aufforderungen in unseren Sinn. Manchmal so etwas Seltsames wie »Geh morgen drei Stunden spazieren« oder »Schlaf mehr«. Und man mag sich wundern: »Und das soll helfen?« Tun Sie es trotzdem, so merkwürdig es auch anmuten mag. Gerade wenn es Ihnen komisch vorkommt, hat unter Garantie Ihr Verstand nicht nachgeholfen. Dem würden solche Sachen nämlich nicht einfallen.

Manchmal gibt es direktere Konfliktlösungen: »Sprich mit Soundso offen darüber«, »Frag um Hilfe«, »Geh zum Arzt« oder »Lies nochmal in diesem oder jenem Buch«.

Wenn Sie den ersten Schritt auch wirklich gemacht haben, dann erst fragen Sie nach dem nächsten Schritt. Manchmal will unsere Faulheit einfach verhindern, dass wir den ersten Schritt gehen, und wir hoffen auf einen leichteren zweiten. Damit erlauben wir

unserem Verstand, den Rat der Engel, den Rat unseres Unterbewusstseins, zu manipulieren. Und das ist nicht nützlich.
Sie werden selbst erfahren – und das ist ja das Wichtigste in einem spirituellen Training –, wie diese Angebote der Engel funktionieren. Je öfter Sie es ausprobieren, desto selbstverständlicher wird Ihr Verhältnis zu den Engeln.
Auch hier gilt das wundervolle deutsche Sprichwort: »Übung macht den Meister.«
Nur nicht aufgeben!

8 Die Wichtigkeit, Verantwortung zu übernehmen

Ich überlege mir immer auch, wo meine Verantwortung im Auftauchen einer Krise liegt. Der Vorteil einer bewussten Krise gegenüber einer unbewussten ist die Erkenntnis der Kraft, die ich selbst habe, um sie zu heilen. Wir sind sozusagen »Co-Schöpfer« mit Gott.

Es ist wichtig, für mein Leben geradezustehen. Für meine Gedanken, meine Worte, meine Taten. Die Umstände in meinem Umfeld habe ich als Erwachsener so gestaltet, wie ich sie jetzt vorfinde. Ein sechsjähriges Kind, das in erschreckenden Verhältnissen lebt, ist für seine Lebenssituation natürlich nicht verantwortlich. Das sind die Erwachsenen. Doch dieses Kind ist auch eine Seele, und als Seele hat es sich seine Eltern und Umstände ausgesucht. Das ist, glaube ich, wohl einer der am schwierigsten zu verstehenden Aspekte. Es geht nicht darum, dass wir eine herzzerreißende Situation unemotional mit spirituellen Regeln erklären. Ich bin gegen ein »Das ist halt nun mal so, das hat sich die Seele ja auch selber ausgesucht«. Jeder, der leidet, braucht unser Mitgefühl und eben auch unsere Handlungsbereitschaft.

Mitgefühl wird häufig mit Mitleid verwechselt. Bei Letzterem leiden statt einem jetzt beide. Beim Mitgefühl sind wir wie ein Rettungsschwimmer, der reagieren kann und dem anderen, der beinahe untergeht, noch einen Rettungsring zuwirft. Beim Mitleid gehen beide unter.

Obwohl Spirituelles vieles erklären kann, ist es dennoch zutiefst erschütternd und traurig, dass wir es noch nicht geschafft haben, all unsere Kinder auf dieser Welt zu beschützen.

Zurück zu uns Erwachsenen. Ich habe bewusst oder unbewusst Entscheidungen getroffen, die mich zu diesem Punkt in meinem Leben geführt haben. Zuweilen waren sie großartig, ein andermal ziemlich dämlich. Letztere erkennt man relativ zügig, die großartigen manchmal erst Jahre später. Das Wichtigste an den dämlichen Entscheidungen ist, dass man sie so schnell wie möglich wieder zu revidieren versucht: Wenn ich beispielsweise in eine berufliche Richtung laufe, die mir schon nach ein paar Metern keinen Spaß bringt, dann sind die Chancen, dass sie es nach einem Kilometer tun, äußerst gering. Die Krise ist absehbar.

Meine Seele hat sich Seelenhausaufgaben mitgenommen, die es zu managen gilt; so kann man auf der anderen Seite auch in Situationen geraten, die man zuerst als Krise empfindet, die sich im Rückblick aber als wichtige Meilensteine für die eigene Entwicklung herausstellen. Das mag eine Krankheit, eine Schwäche oder eine

missliche berufliche Lage sein. Was mir passiert, ist nicht immer meine »Schuld«, aber wie ich mit den gegebenen Umständen dann umgehe, liegt in meiner Verantwortung: Da ist mir aus »heiterem Himmel« jemand ins Auto gefahren, und mein Körper funktioniert nicht mehr so wie zuvor. Was mache ich jetzt? Verliere ich mich über Jahre in einem »Warum-ich?«-Drama oder schaffe ich es, trotz meiner Schwierigkeiten wieder wirklich zu leben?
Einigen von uns gelingt das. Ein beeindruckendes Beispiel liefern die Paralympics, die Olympischen Spiele für Behinderte: Welch großartige Athleten treten dort an! Sie sind eine Hoffnung für viele, die sich beinah aufgegeben haben.
Auch Menschen, denen in frühen Lebensphasen Traumatisches widerfahren ist, müssen nicht für immer darunter leiden. Es gibt zahlreiche eindrückliche Beispiele von Erwachsenen, die ihrer trostlosen Kindheit zum Trotz das Unglück zur Gestaltung einer besseren Gegenwart und Zukunft genutzt haben und heute ein zufriedenes Leben führen.

Ich bin verantwortlich.
Für meine Gedanken, meine Worte, meine Taten.

Als ich anfing, die Verantwortung für jeden Aspekt in meinem Dasein zu übernehmen, begann sich mein Leben zu verbessern. Unsere Seele wünscht sich, dass wir durch jede Krise etwas über uns lernen, etwas in uns verändern und damit unsere Lebensumstände verbessern. Jede Seele hat sich ihre Hausaufgaben mitgenommen, und jede unserer Krisen hat etwas mit diesen Hausaufgaben zu tun.

Wenn wir in der regelmäßigen Entspannung (oder Meditation) bleiben, weiterhin nachfragen und einen Schritt nach dem anderen gehen, dann wird die Situation sich verbessern und irgendwann einmal geheilt sein. Auf die Flut kommt die Ebbe, und bei uns werden die hektischen Zeiten ebenso von entspannten abgelöst werden – und auf die Ebbe kommt wieder die Flut …

Vielleicht lässt sich unser Lebensweg auch mit einer Bergwanderung vergleichen: Wir gehen nach oben, dann finden wir einen wunderschönen Aussichtsplatz und setzen uns hin, ruhen uns aus und erfreuen uns am Dasein. Jetzt, so hoffen wir, sind wir endlich angekommen. Nun sind wir schon so weit oben, von da an geht's einfacher. Nichts wird uns jemals wieder so durcheinanderschütteln.

So bleiben wir eine Weile auf diesem Aussichtsplatz sitzen, vielleicht ein wenig selbstgefällig, und denken: »Ach, all die armen Leute, die noch nicht so weit sind wie wir.« Und »rums!« kommt der Steinschlag – manchmal sind es große Brocken, manchmal kleine Kiesel –, und wir müssen unseren herrlichen Platz verlassen, um (mit sehr viel mehr Demut) weiterzugehen.

Eine der Lehren, die wir aus alldem ziehen können, ist aber ebenso die Erkenntnis, dass wir diese angenehmen Ruhepausen dann auch wirklich genießen sollten.

Jeannette

»Ich bin doch wirklich nett, ich kapier es einfach nicht, warum mir immer wieder so was passiert?«

Jeannette sitzt mit ihrer Freundin Chloé im Café und kann sich gar nicht beruhigen. Jeden Tag geschieht ihr irgendetwas Unpässliches. Mal ist das Auto kaputt, mal ihre Kollegin im Büro nicht zu ertragen. Dann macht ihr mittlerer Sohn in der Schule Schwierigkeiten, oder sie bekommt wieder einen ihrer regelmäßigen Migräneanfälle. Ihr Mann ist ja schon seit Jahren keine Hilfe mehr. Und jetzt geht es auch noch um ihren Job: Sie hat aus der Zeitung erfahren, dass ihre Firma, in der sie seit fünf Jahren arbeitet, wohl nicht aus den roten Zahlen herauskommt. Es geht das Gerücht um, dass Kündigungen anstehen.

»Mein Chef ist einfach unfähig. Das war klar, dass der das nicht auf die Reihe kriegt. Die Leute, die für ihn arbeiten, sind Idioten. Jeder ist genervt, unhöflich, und die meisten sind dann auch noch rotzfrech. Ich wandere aus, mir reicht es langsam!«

Chloé nickt. »Ja, das kann ich gut verstehen.«

Suchend schaut sie sich um. »Sag mal, die Bedienung kommt auch nicht mit unserem Kaffee.«

Jeannette zieht die Augenbrauen hoch: »Da ist sie ja. Schau dir das an. Die kuckt mit Absicht nicht in unsere Richtung.«

Chloé schüttelt den Kopf. Endlich dreht sich die Bedienung um und sieht Chloés wildes Winken. Sie kommt lächelnd auf den Tisch zu: »Fehlt noch was?«

»Ja klar fehlt noch was!«, Jeannettes Stimme ist eiskalt. »Wir warten schon seit Ewigkeiten auf unseren Kaffee. Kommt der heute noch?«
»Oh, tut mir leid. Ich kümmre mich darum.«
»Das haben Sie schon vor einer Viertelstunde gesagt, und trotzdem ist nichts passiert.« Jeannette zeigt der Bedienung demonstrativ den Rücken, um ihr Missfallen deutlich zum Ausdruck zu bringen.
»Was willst du denn jetzt machen?«, fragt Chloé.
»Also, falls es mich erwischt, will ich erst mal schauen, ob ich eine Abfindung rausschlagen kann. Der Saftladen kann mich mal. Da hat ja sowieso noch nie was funktioniert. Ich bin gespannt, wie sie das geregelt kriegen wollen.«

Früher dachte ich immer, die anderen seien an allem schuld: die Freunde, die Kollegen, die Familie, der Partner, die Regierung oder die Weltwirtschaftslage. Ich war ja eigentlich ganz nett. (Seltsames Wort, dieses »eigentlich«.) Bis ich merkte, dass die Leute *so sind, wie sie sind.*
Wenn ich mich in meinen Lebensumständen nicht mehr wohl fühle, dann liegt es an mir, sie zu verändern. Ich kann gehen, ich kann bleiben, ich kann ja oder nein sagen.

Jeannette ist schon lange nicht mehr glücklich in ihrer beruflichen Situation, und eine Gereiztheit hat sich ihrer bemächtigt, die sie kaum mehr bemerkt. Ihr Ton zu Hause ist ebenfalls ungnädig. Langsam hat er sich eingeschlichen, und es fehlt ihr an jeglicher Weichheit. Sie hat das Gefühl, als ob sie sich stündlich verteidigen müsste, und so hat sie den weichen, annehmenden, weiblichen Teil ihrer Persönlichkeit komplett vernachlässigt. Was sich in ihr findet, ist der »Krieger«: der, der Stärke vermitteln muss, der unnachgiebig ist, der fordert.

Als erster Schritt würde es ihr helfen, sich aufmerksam zu beobachten. Gerade in ihrem gewohnten Umfeld, und da in ihrem Freundeskreis, mag sich dieser Ton zur normalen Umgangsform entwickelt haben. Wie höre ich mich eigentlich an, und wie reagieren die anderen darauf? Es kann ihr helfen, wenn sie im Gebet um Hilfe bittet, damit ihr bei der Selbstbeobachtung auffällt, wie sie sich verhält. Denn was wir nicht bemerken, können wir nicht verändern.

Wenn wir uns zum nächsten Schritt entschließen, sollten wir Geduld mit uns selbst haben: Es dauert manchmal Jahre, bis sich bei uns bestimmte Verhaltensweisen eingeschliffen haben, und es braucht eben nun eine gewisse Zeit, bis wir uns ihrer wieder entledigen.

Auch haben sich Jeannettes Gedanken in eine Richtung entwickelt, die für sie »anstrengend« ist: »Jeder« ist genervt, unhöflich und auch noch rotzfrech. So sieht sie ihre Umgebung. Ist wirklich »jeder« genervt und unhöflich? Bestimmt nicht. Aber bei ihrer konstanten Erwartungshaltung reagiert ihr Umfeld natürlich auch dementsprechend. Die freundlichen Töne – wie bei der Nachfrage der Bedienung – hört sie schon gar nicht mehr. Sie reagiert nur auf deren angebliche Unfähigkeit.

Unser Universum reagiert nach dem Echoprinzip: Was wir hinausrufen, kommt zurück.

»Alle sind unfähig!«, signalisiert Jeannette mehrmals am Tag. Und das Universum reagiert wie ein Echo: »Wenn du das denn so möchtest: Hier ist deine unfähige Umgebung.«
Jetzt wäre es natürlich schwierig, plötzlich herauszurufen: »Jeder ist fähig«, wenn man die Erfahrung in diesem Moment eben nicht hat. Aber man kann, wenn irgendjemand etwas »Fähiges« gemacht hat, eben auch kundtun: »Wie schön, hier ist mal wieder jemand, der fähig ist.« Und auch darauf reagiert das Universum. Jeannette wird mehr und mehr Leute treffen, die kompetent sind. Wie sie auch, durch die Veränderung ihres Tons und ihrer Erwartungshaltung, sehr viel freundlicher gesinnte Menschen treffen wird.

Jeannette hat sich geändert. Der erste Schritt ging von ihrem neuen Chef aus: Er war schockiert von dem allgemeinen Umgangston in der Firma. Solch ein Klima wollte er nicht dulden. Als Nächstes engagierte er ein Team von Beratern, und jedem Mitarbeiter wurde Schritt für Schritt das eigene Verhalten klar. Jeannette bemerkte ihres recht früh.

Eine ihrer »Hausaufgaben« war, sich selbst zuzuhören und die Sätze beziehungsweise Ausdrücke aufzuschreiben, die sie am häufigsten benutzte. »So ein Blödsinn!«, »Schlimmer geht es fast nicht mehr« und »unfähiger Trottel!« waren die häufigsten. Als sich das Klima in der Firma änderte, fing auch sie an, sich zu ändern. Eine Bekannte gab ihr eines Tages ein spirituelles Buch. Andere Bücher folgten.
Heute wird Jeannette rot, wenn man sie auf »früher« anspricht: »Du warst die gefürchtetste Person im Büro; ›unser eigener Hausdrachen‹, so haben wir dich genannt.«
Die neuen Kollegen glauben das nicht. Das können sie sich bei Jeannette weiß Gott nicht vorstellen.

Ralph

Ralph ist ein sehr erfolgreicher Geschäftsmann. Er hat einen Riecher dafür, wie sich der Markt verändert. Er liebt es, bewundert und gefürchtet zu werden, und Grenzen sind für ihn nur dazu da, sie zu überwinden. Er ist fast süchtig nach dem »Spiel«, wie er es nennt: wenn sein Herz ihm bis zum Hals schlägt und er nach außen so tun muss, als ob er kühl und entspannt wäre. Er vergleicht seinen Beruf mit dem eines guten Pokerspielers und lebt nach zwei Regeln: »Ich will gewinnen« und »Bloß keine Schwäche zeigen«. So geht er auch mit seiner langjährigen Verlobten Elvira um. Sie verhungert regelrecht an seinem ausgestreckten Arm, denn sie ist es, die Nähe sucht, aber eben nicht bekommt. Ralph liebt Elvira … aber auf seine Art. Und »seine Art« ist für ihn ganz einfach: Er kann romantisches Getue nicht ertragen! Er ist meist schroff zu ihr, die gelegentlichen Komplimente kann Elvira an einer Hand abzählen. Ralph ist süchtig nach Erfolg und hat keine Zeit für so »profane« Angelegenheiten wie Sport oder Urlaub. Frische Luft kennt er nur vom Fernsehen. Er fliegt, er fährt, er rennt herum. Er hat sein Handy am Ohr, und seine Aktentasche ist an seinem linken Arm wie angewachsen. Er schläft schlecht, trotz seiner permanenten Erschöpfung. Manchmal bekommt er nachts keine Luft, und dann schreckt er schweißgebadet hoch. Seine hochkommende Magensäure schüttet er mit beruhigenden Arzneimitteln zu. Elvira macht sich Sorgen. Ralph lacht darüber.

Bis er mit einem akuten Herzinfarkt mit Blaulicht ins Krankenhaus eingeliefert wurde. Er ahnte schon lange, dass mit ihm irgendetwas nicht stimmt, aber er hoffte, dass es vorbeigehen würde, weil er »dafür« einfach keine Zeit hatte.
Am Anfang besuchten ihn ein paar Geschäftsleute, und dann kam niemand mehr. Außer Elvira und seinen Eltern. Hat er wirklich so wenig Freunde? Ralph musste mehr Zeit als geplant im Krankenhaus verbringen. Er ist ungeduldig, kein angenehmer Patient.
Eines Nachts wacht er auf, weil sein Kissen feucht ist. Erstaunt stellt er fest, dass es von seinen Tränen kommt. Automatisch greift

er nach dem Schlafmittel auf dem Nachttisch, als er plötzlich bemerkt, dass er immer noch weint. Irgendetwas erschüttert ihn tief. Er ist froh, dass er allein ist. Er hat selten Gefühlsausbrüche, und die sollen ungesehen sein. Gerade da kommt die Nachtschwester herein. Ralph dreht sich zur Seite, doch die Schwester bleibt im Zimmer. Sie setzt sich zu ihm ans Bett und nimmt, ohne ein Wort zu sagen, seine Hand. Sein Schluchzen ist nicht aufzuhalten. Und er will es auch nicht mehr.

Nach einer Weile beruhigt er sich wieder, und die Nachtschwester streicht seine Decke glatt.

Es ist immer noch dunkel in seinem Krankenzimmer, dann sagt die Schwester wie nebenbei: »So ein Herz braucht viel Kraft. Und das bekommt es, wenn wir es weich werden lassen.«

»Weich ist es jetzt«, antwortet er schwach.

»Wie schön«, hört er noch, und dann geht sie aus dem Zimmer.

Manchmal besteht der erste Schritt heraus aus einer chronischen Krise darin, dass eine akute, lebensbedrohliche Krise wie etwa eine Krankheit eintritt. Sie reißt uns heraus aus unserem geschäftigen »Alltagstrott«, schafft Abstand und lässt uns unser Leben aus einer anderen Perspektive betrachten. Wir erkennen, dass einiges in unserem Leben langfristig nicht nützlich ist.

Der nächste Schritt kann nun darin bestehen, dass man danach fragt, wie es so weit hatte kommen können. So fragte sich Ralph, wann er eigentlich sein Herz »zugemacht« hatte? Sein Vater hatte ihm immer gesagt: »Zeig's ihnen, Junge!«, und dabei wollte er es doch vor allem seinem Vater zeigen! Sein erster lukrativer Geschäftsabschluss war ihm gelungen, weil ein anderer pleitegegangen war. Er wird nie vergessen, wie der Unglückliche mit hängenden Schultern ein letztes Mal vor seiner Firma stand, die jetzt von Ralphs Chef übernommen werden sollte. Ralph erinnert sich noch gut an seinen damaligen Impuls, dem Betroffenen einfach in die Augen zu schauen und ihm mit irgendeiner Geste Mut zu machen. Aber er traute sich nicht, und so ließ er sich am Abend von seinem Vater feiern. Unterbewusst sorgte er dafür, dass er nie wieder die Verlierer zu sehen bekam.

Elvira fand am nächsten Morgen einen anderen Mann vor. Er schaute sie aufmerksam von seinem Krankenbett aus an und fragte sie, ob sie glücklich mit ihm sei. Elvira wusste in diesem Augenblick sofort, dass sie die Wahrheit sagen musste, und sie antwortete: »Ich hoffe noch auf das Glück.«
»Deshalb bist du bei mir geblieben«, erkannte Ralph.
Elvira nickte.
Ralph verbrachte die Wochen nach der Entlassung aus dem Krankenhaus damit, viel nachzudenken und zu lesen. Er fragte Elvira häufig und öffnete sich sogar seinen Geschäftspartnern gegenüber. Nach jedem Gespräch fühlte er sich leichter, und nach einer Weile wusste er ganz sicher, was damit gemeint war, dass man sein Herz »weich halten« solle.

Schließlich entschloss er sich, weitere Schritte zu gehen, um ein positives, sinnerfülltes Leben zu führen. Er heiratete Elvira, nahm sich des Öfteren Auszeiten und kaufte schließlich ein Restaurant, das er selbst leiten wollte. Das war schon als Kind sein Traum gewesen. Jeden Morgen ging er nun mit Freude dorthin. Er hörte mehr und mehr auf seinen Körper und verhielt sich aufmerksamer gegenüber dem, was sich in seinem Umfeld tat.

Er wollte sich bei der Nachtschwester bedanken. Doch er sah sie nie wieder. Keiner im Krankenhaus konnte sich an sie erinnern.

9 Das Versprechen, sich selbst gut zu behandeln

Schon seit frühester Kindheit fiel es mir immer leichter, mich für die anderen einzusetzen als für mich selbst. Ich war ein Gerechtigkeitsfanatiker, und wenn ich etwas sah, was in meinen Augen unfair war, konnte ich enorme Kräfte mobilisieren. Falls mir selbst Unrecht geschah, verstummte ich dagegen. Ich war still, als man mir sagte, ich wäre unfähig. War still, als man mich verletzte. War still, als ich betrogen wurde.

Alle anderen bekamen meinen vollen Einsatz, für mich selbst hatte ich nichts übrig. Ich traute mich nicht – die anderen würden doch irgendwann einmal merken, wie nett ich bin, und dann dafür sorgen, dass alles »gerecht« zugeht.

Doch es wurde mehr und mehr von mir gefordert.

Jetzt weiß ich auch, warum. Eine meiner Seelenhausaufgaben ist und war, dafür Sorge zu tragen, dass es eben auch mir gutgeht. Ich musste lernen – und ich hoffe, ich habe es jetzt endlich verstanden –, dass ich mir wenigstens die gleiche Stufe an Wichtigkeit

zugestehen darf, auf die ich die anderen ohnehin stelle. Heute bin ich dankbar für all diejenigen, die viel von mir gefordert haben. Denn sonst hätte ich es ja immer noch nicht verstanden und würde stets aufs Neue in ähnliche Krisensituationen geraten.
Wenn wir uns für uns selbst einsetzen, uns also wichtig nehmen, dann passiert etwas mit uns. Wir wachsen. Verhaltensweisen, die wir so selbstverständlich bei anderen akzeptieren, gestatten wir uns selbst plötzlich ebenfalls: Wir erlauben uns, Pausen zu machen. Wir lassen es zu, dass wir nicht für jeden zur Verfügung zu stehen. Wir trauen uns, Hilfe zu holen. Wir nehmen uns die Freiheit, nicht immer perfekt sein zu müssen.

Julie

Julie ist eine sehr aktive, kluge und anpackende Frau. Seit einiger Zeit ist sie freiberuflich tätig, und da sie sehr kommunikativ ist, findet sie auch stets spannende Partner. In den letzten vier Jahren, seit Beginn ihrer Selbständigkeit, geht sie immer haarscharf am großen Verdienst und immer knapp an der Schuldenfalle vorbei.
Dieses Mal ist es wieder passiert. Die Partnerin in ihrem neuen geplanten Geschäft will einfach seit ein paar Monaten den Vertrag nicht unterschreiben. Es geht um ein großes Buchprojekt, das à la »Harry Potter« vermarktet werden soll. Julie hat Geldgeber aufgetan, die diese Serie im großen Stil herausbringen wollen. Jetzt steht

die Unterschrift der Geldgeber an, aber Julie hat nichts anderes als eine mündliche Zusage von ihrer Geschäftspartnerin – einer Autorin – und besteht auf einem schriftlichen Vertrag. Das zieht sich. Es zieht sich schon seit Wochen hin, doch Julie arbeitet trotzdem weiter.

Langsam dämmert es ihr: Ihre Partnerin wartet, bis der Vertrag mit den Geldgebern gesichert ist, und dann wird sie »entsorgt« werden. Sie hat das Projekt bisher nicht aufgeben wollen, weil sie darin so viel Potenzial sah, und so hat sie sich immer tiefer in diese Beziehung hineinreißen lassen. Sie hofft, dass die Logik, dass der absehbare Erfolg, auch der finanzielle, ihre Geschäftspartnerin endlich »vernünftig« werden lässt. Aber diese ist nicht vernünftig. Es liegt nicht in ihrer Natur, vernünftig zu sein, und so wartet Julie vergeblich, dass es zwischen ihnen zu einem harmonischen und respektvollen Arbeitsklima kommt.

Ein harmonisches und respektvolles Miteinander kann nur erreicht werden, wenn es von beiden gewollt wird.

Wir können niemanden dazu zwingen. Weder mit noch ohne Engel. Julie hat die Situation nun erkannt. Denn es ist nicht das erste Mal, dass ihr so etwas passiert. Jetzt allerdings reicht es ihr.

Was bedeutet es in dieser Situation, sich für sich selbst einzusetzen? Julie will jetzt die Beziehung zu der Autorin lösen. Es war ihr relativ früh klar, dass diese eine schwierige Person ist, und trotzdem hat sie weitergemacht.

Julie wollte sich selbst in einer Zeremonie versprechen, dass sie so etwas nie wieder zulassen würde. Sie zündete eine Kerze an, betete und gelobte in der Tiefe ihrer Seele:
»Ich werde das nie wieder tun.«
Je mehr Kraft sie da hineinlegen kann und je lauter sie es ausspricht, umso besser ist es. Wenn sie wirklich frustriert ist ob ihrer immer wieder gleichen Angewohnheit – nämlich für sich selbst nicht den vollen Einsatz zu bringen –, und sich das entsprechende Verhalten aneignet, dann wird ihr das künftig nicht mehr passieren. Da mag eine ähnliche Situation sich wieder zeigen, sozusagen als eine Art Test, ob wir es wirklich gelernt haben, doch Julie wird das jetzt schon von weitem erkennen. Denn sie hat es sich versprochen.

Es passiert etwas Wunderbares, wenn wir uns aufmerksam wahrnehmen und uns selbst schützen – manchmal eben auch vor uns selbst. Wir werden selbstbewusster. Selbstbewusstsein entsteht dann, wenn wir Entscheidungen treffen und neue Wege gehen, die uns wachsen lassen. Wir haben erfahren, dass wir mit Schwierigkeiten umgehen können, und brechen nicht bei jeder Kleinigkeit zusammen. Wir fürchten uns nicht mehr vor unserem Leben, sondern wir vertrauen. Nicht nur Gott, sondern auch uns selbst und unseren Fähigkeiten. Das ist die Basis eines gesunden Selbstbewusstseins.

10 Aufmerksamkeit

Aufmerksamkeit bedeutet, dass nichts, aber auch gar nichts an einem vorbeirauscht. Natürlich ist das ein täglicher Prozess. Jeden neuen Morgen entscheiden wir uns neu, wie aufmerksam wir den Tag betrachten wollen. Unsere Gedanken, unsere Worte, unsere Taten.

Alle zwei, drei Monate nehme ich mir bewusst Zeit und schaue mir mein Leben an. Was habe ich mir geschaffen? Da ich freiberuflich tätig bin, gibt es viele Entscheidungen, die mein Leben in verschiedene Richtungen lenken können. Reise ich zu viel? Zu wenig? Bereitet mir das Freude, was ich mache? Was erschöpft mich? Was begeistert mich? Wohin will ich? Was fehlt mir?

Ich stelle mir dann vor, dass ich ein Schiff bin und in eine bestimmte Richtung segle. Gefällt mir das Ziel? Will ich dort überhaupt hin? Was erwartet mich am Ende dieser Reise?

Manchmal halte ich mein Schiff an und lege den Anker, um mir anzuschauen, wo ich hinfahre, oder ich ändere den Kurs, da ich

feststelle, dass mir die Richtung nicht gefällt. Ich bin dankbar dafür, das jetzt gelernt zu haben.
Ich bedanke mich am Tag viele Male für all die großen und kleinen Dinge, die mein Leben angenehm machen. Wenn irgendetwas passiert, was außergewöhnlich ist, bin ich so begeistert, dass ich das sofort weitererzählen muss. Und mich dann auch gern wiederhole. Ich freue mich einfach so darüber und fühle mich so aufgehoben in Gottes Universum.
Früher dachte ich, dass dies eben nur bestimmten Leuten passiert, die Glück haben. Denen halt alles irgendwie leichter fällt. Die keine Herausforderungen in ihrem Leben haben. Es ist kein Wunder, dass sie sich wohl fühlen.
Jetzt habe ich damit andere Erfahrungen gemacht. Ich durfte entdecken, wie sehr alles an mir liegt. An meiner Art, die Welt zu betrachten, meine Hausaufgaben zu machen und nicht jede Krise als Bestrafung zu sehen, sondern als Aufgabe, die sich meine Seele in dieses Leben mitgenommen hat.
Und ich habe erfahren, dass es in jeder meiner Krisen einen Segen gibt.

Was ist der Segen in Ihrer?

Ich wünsche Ihnen von Herzen, dass Sie in jenen tiefen Momenten der Verlorenheit auch diesen Lichtblick sehen. Der Lichtblick, der Ihnen Unterstützung bringt. Der Ihnen helfen möchte. Denn die-

ser Lichtblick ist nicht nur außerhalb von uns möglich. Er strahlt genauso in der Tiefe unserer Seele.
Vergessen Sie nicht, dass Sie unendlich geliebt werden. Unser himmlischer Vater und unsere himmlische Mutter, aus der wir kommen, sind uns in Ewigkeit verbunden. Und die Kraft, die aus dieser Quelle kommt, steht uns zur Verfügung. Wir müssen nur fragen.
Wenn Sie Ihre Gedanken in die Vergangenheit wandern lassen, dann werden Sie feststellen, wie oft Sie schon etwas geschafft haben. Wie viele Krisen und Herausforderungen Sie bereits gemeistert haben und dass Sie bei jedem Hinfallen irgendwie und irgendwann wieder aufgestanden sind. Sie verfügen über diesen großen Schatz an Erfahrung und eine tiefe Intuition, die Sie nicht im Stich lassen wird.
Sie haben es schon viele Male geschafft, und Sie werden es auch dieses Mal schaffen. Wir sind nicht ungeschickt in solchen Angelegenheiten …

Schön, dass es Sie gibt!
Gott segne Sie.

Licht und Liebe,
Sabrina Fox

Fragebogen: Was sind meine Seelenhausaufgaben?

Wenn wir herausfinden wollen, welche Seelenhausaufgaben wir haben, dann brauchen wir uns einfach nur in unserem Leben umzusehen: Was fällt uns schwer? Diese Seelenhausaufgaben kommen in diversen Abstufungen. Da gibt es einige, die in uns fast eine Panik auslösen, und andere, mit denen wir nur leichte Schwierigkeiten haben. Manche haben wir schon, solange wir denken können, und andere tauchen plötzlich irgendwo in der Mitte des Lebens auf.

Ich habe hier einige Seelenhausaufgaben zusammengestellt, naturgemäß ohne den Anspruch auf Vollständigkeit. Deshalb stehen am Schluss noch ein paar freie Zeilen. Dies ist kein Test. Die Gedanken sind nicht dazu da, Ihnen am Ende ein Ergebnis zu präsentieren. Es soll einfach nur klarer machen, welche Herausforderungen Sie vielleicht in diesem Leben haben. Wenn Sie nicht mit einem klaren Nein antworten, dann ist es wahrscheinlich ein Ja … mit mehr oder weniger starken Nuancen. Vielleicht werden wir ab und zu damit konfrontiert. Nur einige wenige erfühlen wir fast durchgängig.

Mir ist aufgefallen, dass spirituelle Menschen in der Regel keine Probleme haben, hilfsbereit zu sein. Sie müssen nicht lernen, mehr zu geben und mehr für andere da zu sein. Sie haben eher Probleme damit, nein zu sagen und sich abzugrenzen. Wir können nur dann ein erfülltes, spirituelles Leben führen, wenn wir wirklich zufrieden sind. Wir können nur dann etwas geben, wenn wir genügend davon haben. Woran wir das erkennen? Ganz einfach: Sind wir erschöpft, haben wir zu viel gegeben.

Seien Sie auch nicht zu streng mit sich. Jeder von uns hat Seelenaufgaben, und da nutzen uns Vergleiche mit anderen wenig. Wir haben ja unser ganzes Leben … und die danach … um sie zu verändern.

Ich will lernen:

	Ja
Mich durchzusetzen	❑
Nein zu sagen	❑
Nachzugeben	❑
Nicht nachtragend zu sein	❑
Entschuldigungen anzunehmen	❑
Nicht über andere Leute schlecht zu reden	❑

Zu vergeben . . . . ❑
Meiner inneren Stimme zu folgen . . . . ❑
Verantwortung für mein Leben zu übernehmen . . . . ❑
Mich gelegentlich hinzugeben . . . . ❑
Mich jemandem, der mich gut behandelt, anzuvertrauen . . . . . ❑
Mutig zu sein . . . . ❑
Ehrlich zu sein . . . . ❑
Fröhlich zu sein . . . . ❑
Entspannter zu leben . . . . ❑
Mein Leben zu genießen . . . . ❑
Nicht das Leben anderer (der Kinder, des Partners)
zu leben, sondern mein eigenes . . . . ❑
Mich nicht so zu hetzen . . . . ❑
Mir längere Auszeiten zu gönnen . . . . ❑
Ordentlicher zu werden . . . . ❑
Wahrhaftiger zu sein . . . . ❑
Den Druck loszulassen, perfekt sein zu müssen
und alles perfekt zu machen . . . . ❑
Grenzen zu ziehen . . . . ❑
Mich anständig behandeln zu lassen . . . . ❑
Mich selbst anständig zu behandeln . . . . ❑
Weniger für andere zu tun . . . . ❑
Mehr für andere zu tun . . . . ❑
Zuzuhören . . . . ❑
Mich mehr einzubringen und aktiver zu sein . . . . ❑

- Besser organisiert zu sein ❑
- Nicht immer alles organisieren zu müssen ❑
- Gelegentlich Unordnung zuzulassen ❑
- Verantwortung abzugeben ❑
- Verantwortlicher zu sein ❑
- Freier zu sein ❑
- Es nicht immer allen anderen recht zu machen, sondern auch mir ❑
- Nicht immer recht haben zu wollen ❑
- Zuverlässiger zu sein ❑
- Gefühle zu zeigen ❑
- Meine Ängste zu akzeptieren und daraus zu lernen ❑
- Mich zu verteidigen und mehr für mich einzustehen ❑
- Milder zu sein ❑
- Nicht immer zu kämpfen ❑
- Mehr Einfühlungsvermögen zu zeigen ❑
- Mir zu erlauben, meine Kreativität zu leben und zu zeigen ❑
- Kindlicher zu sein ❑
- Mir nicht so viel Sorgen zu machen ❑
- Hingabe zu lernen ❑
- Lieben zu lernen und zu erlauben, selbst auf das Risiko hin, verletzt zu werden ❑
- Mich mehr in meine Mitmenschen einzufühlen und sie so, wie sie sind, zu akzeptieren ❑
- Nicht zu manipulieren ❑

- Verletzlicher zu sein ❑
- Mich nicht kleiner zu machen ❑
- Andere nicht kleiner zu machen ❑
- Nicht immer nur das zu machen, was andere sagen ❑
- Nicht in der Vergangenheit zu leben ❑
- Meinen Körper mehr zu schätzen ❑
- Auf meinen Körper mehr zu hören ❑
- Mich mehr zu pflegen und mir Gutes zu tun ❑
- Nicht so leicht beleidigt zu sein ❑
- Großzügig zu sein ❑
- Mich mehr auf das, was ich bin, und nicht das, was ich darstelle, zu konzentrieren ❑
- Mir zu erlauben, attraktiv und schön zu sein ❑
- Komplimente, Lob und Geschenke anzunehmen ❑
- Komplimente, Lob und Geschenke zu verteilen ❑
- Weniger Risiken einzugehen ❑
- Mehr Risiken einzugehen ❑
- Hilfe anzunehmen und mich in Behandlung zu begeben ❑
- Meinen Traum zu verwirklichen ❑
- .... ❑
- .... ❑
- .... ❑
- .... ❑
- .... ❑
- .... ❑

Danke

Ich bedanke mich bei meiner himmlischen und menschlichen Unterstützung.
Natürlich bei den Engeln und meinem himmlischen Vater und meiner himmlischen Mutter, allen weisen LehrerInnen und Meistern, von denen ich so viel lernen durfte.
Danke für die Stille.
Einen herzlichen Dank an den Droemer Knaur Verlag und an Olivia Baerend. Liebe Olivia, vielen Dank für all die Jahre schöner Zusammenarbeit. Ich hoffe, du weißt, wie sehr ich dich schätze!
Ich danke meinem Lektor Ralf Lay, der alle meine Bücher durch seine Gabe und seine Talente verbessert hat und hoffentlich, lieber Ralf, auch weiterhin verbessern wird. Danke!
Ich bedanke mich bei allen Mitmenschen, die mir ihr Vertrauen geschenkt haben und deren Leben und Seelenhausaufgaben ich – natürlich verfremdet – hier in diesem Buch benutzen durfte. Danke!

Dank an meine Familie und meine Freunde, die jeden Tag für mich bereichern.
Ein herzliches Dankeschön an Sie, die Sie sich die Zeit genommen haben, dieses Buch zu lesen. Ich wünsche mir sehr, dass es nützlich ist.

Veröffentlichungen von Sabrina Fox

Wie Engel uns lieben, Droemer Knaur Verlag
Die Sehnsucht unserer Seele, Goldmann Verlag
Auf der Suche nach Wahrheit, Goldmann Verlag
Erleuchtung, Sex und Coca-Cola. Herausforderungen auf dem spirituellen Weg, Goldmann Verlag
Von Engeln begleitet, Droemer Knaur Verlag
Der klitzekleine Engel (Kinderbuch), Aquamarin Verlag
Mrs. Fox will wieder heim, Droemer Knaur Verlag

Engelkarten
Von Engeln begleitet. Übungskarten mit Buch, Droemer Knaur Verlag

Kontakt

Informationen von und über Sabrina Fox finden Sie unter www.SabrinaFox.com.

Engelskulpturen
Kontakt über die Website www.SabrinaFox.com oder
Alabaster Licht und Erde
Tel. +49 911 96499-33
Fax +49 911 96499-34

Die Meditations-CD

Ein Buch ist immer nur dann nützlich, wenn es angewandt wird. Deshalb haben wir eine CD beigefügt, damit einige Vorschläge zu den Meditationen vielleicht durch das Anhören erst einmal leichter fallen. Die CD ist nur als Anregung gedacht und nicht dazu da, dass Sie sich eisern daran festhalten. Im Idealfall benutzen Sie sie nur ein paar Mal, um dann selbst, ohne CD, zu üben.

Als ich über die CD meditierte – ich wollte sie eigentlich mit Musik unterlegen –, wurde mir gesagt, dass ich nur sehr wenig mit Tönen arbeiten sollte, da diese Meditationen von der Stille leben und auch die Stille üben sollen. Deshalb werden Sie nur sehr wenige Töne finden, die ich singe und die sparsam eingesetzt worden sind.

Falls Sie die CD zum ersten Mal hören, beginnen Sie bitte mit den Meditationen, die ein A im Titel tragen. Diese enthalten etwas mehr gesprochenes Wort, da ich Sie zum ersten Mal auf diesem Weg begleite. Die B-Meditation sind die gleichen wie die ersten, nur mit sehr viel weniger Text, da sie die Einführung ja schon beim ersten Mal, also in der A-Version, gehört haben und sie dann vielleicht nur stören. Bei der Meditation zur Beruhigung der Gedanken gibt es keine B-Version, da dies nicht notwendig ist. Sie werden sehen.

Meditationen A

- Beruhigen der Gedanken
  1. Was denke ich eigentlich?
  2. Dem Atem zuhören
- Meditation, um mit der Angst zu sprechen
  1. Gebet
  2. Wo fühle ich die Angst, und wie fühlt sie sich an?
  3. Ich bitte die Angst, sich zu zeigen
  4. Ich frage die Angst, was sie mir sagen möchte
  5. Was kann ich tun, um die Situation, in der ich mich befinde, zu entspannen?
  6. Der Angst danken

- Meditation zum Verstehen und Heilen der Krise
  1. Gebet
  2. Gedanken beruhigen (was denke ich?)
  3. Was ist der Segen in dieser Krise? Oder, wenn Sie mit dieser Satzstellung Schwierigkeiten haben: Was will ich aus dieser Krise lernen?
  4. Was ist der erste Schritt aus dieser Krise?
  5. Danke

Meditationen B

- Meditation zum Verstehen und Heilen der Krise
  1. Gebet
  2. Gedanken beruhigen (was denke ich?)
  3. Was ist der Segen in dieser Krise? Oder, wenn Sie mit dieser Satzstellung Schwierigkeiten haben: Was will ich aus dieser Krise lernen?
  4. Was ist der erste Schritt aus dieser Krise?
  5. Danke
- Meditation, um mit der Angst zu sprechen
  1. Gebet
  2. Ich bitte die Angst, sich zu zeigen
  3. Ich frage die Angst, was sie mir sagen möchte
  4. Was kann ich tun, um die Situation, in der ich mich befinde, zu entspannen?
  5. Der Angst danken

Weitere Meditationen zum Herunterladen finden Sie auf der Website www.SabrinaFox.com.